中外文**稀有版本**文献

《路易·波拿巴的雾月十八日》

德 文 版

【德】卡尔·马克思 ◎ 著

图书在版编目 (CIP) 数据

《路易·波拿巴的雾月十八日》中外文稀有版本文献：汉文、英文、德文 /（德）马克思著；陈仲涛等译. —北京：中央编译出版社, 2023.1

ISBN 978-7-5117-4222-3

Ⅰ.①路… Ⅱ.①马… ②陈… Ⅲ.①《路易·波拿巴的雾月十八日》– 马克思著作 – 汉、英、德 Ⅳ.① A122

中国版本图书馆 CIP 数据核字 (2022) 第 136569 号

《路易·波拿巴的雾月十八日》中外文稀有版本文献

策划统筹	张远航
责任编辑	郑永杰　周雪凝
责任印制	刘　慧
出版发行	中央编译出版社
地　　址	北京市海淀区北四环西路 69 号 (100080)
电　　话	(010)55627391(总编室)　　(010)55627312(编辑室)
	(010)55627320(发行)　　　(010)55627377(网站)
经　　销	全国新华书店
印　　刷	北京文昌阁彩色印刷有限责任公司
开　　本	710 毫米 ×1000 毫米　1/16
字　　数	743 千字
印　　张	54.5
版　　次	2023 年 1 月第 1 版
印　　次	2023 年 1 月第 1 次印刷
定　　价	1380.00 元（全 5 册）

新浪微博：@ 中央编译出版社　微　信：中央编译出版社 (ID：cctphome)
淘宝店铺：中央编译出版社直销店 (http：//shop108367160.taobao.com)
　　　　　(010)55627331

本社常年法律顾问：北京市吴栾赵阎律师事务所律师　闫　军　梁　勤
凡有印装质量问题，本社负责调换。电话：(010)55626985

《路易·波拿巴的雾月十八日》的出版与传播

(代序)

恩格斯在1885年《路易·波拿巴的雾月十八日》(简称《雾月十八日》)第三版序言中指出:"马克思立即写出一篇简练的讽刺作品,叙述了二月事变以来法国历史的全部进程的内在联系,揭示了12月2日的奇迹就是这种联系的自然和必然的结果,而他在这样做的时候对政变的主角除了给予其应得的蔑视以外,根本不需要采取别的态度。"[①] 尽管马克思直言《雾月十八日》是在形势的直接逼迫下写成的,但是"研究这部作品的写作过程,不仅可以窥探马克思的世界观的发展,而且可以瞥见他的创造性的实验"[②]。相比于维克多·雨果的《小拿破仑》、蒲鲁东的《从十二月二日政变看社会革命》,《雾月十八日》得到更为广泛的传播和影响。因而本文重点考察《雾月十八日》的写作过程及其出版遭遇、国内外传播及其深刻的影响。

一 《雾月十八日》的出版

在魏德迈到达纽约之后,1851年10月31日马克思致信建议他从事书籍出版事业,从《新莱茵报。民主派机关报》《新莱茵报。政治经济

---

① 《马克思恩格斯文集》第2卷,北京:人民出版社2009年版,第468页。
② 〔苏〕纳·维·库德里亚绍娃:《马克思创作〈路易·波拿巴的雾月十八日〉曾依据什么资料》,载《马克思恩格斯研究》1989年第2辑,第286页。

评论》选出最精彩的文章作为单行本出版。魏德迈在给马克思的信中痛骂小商人心理，说这种心理在哪里也不像在新大陆表现得这样令人作呕的露骨。此外，他准备从1852年1月初开始出版一个政治周刊。1851年12月16日上午恩格斯收到魏德迈的信件，获悉魏德迈能够出版周刊并且要求自己在星期五晚上以前寄一篇文章给他。恩格斯认为："恰好在目前，那里正渴望看到对法国事件的评论和阐述，如果能够对局势作一个出色的阐述，那就能保证该刊从创刊号开始就获得成功。但困难也就在这里，而我又不得不像往常一样把重担压在你身上。……无论如何，在这方面你可以为他写一篇外交式的、有回旋余地的、划时代的文章。"① 1851年12月19日，马克思致信魏德迈："现在我正坐下为你写一篇文章。你的约稿信来得太迟了，所以我今天不能完成。星期二（12月23日）将从这里给你寄去：（1）卡·马克思的《**路易·波拿巴的雾月十八日**》……"② 魏德迈在回信中建议马克思为即将问世的政治周刊写一篇关于1851年政变的文章，就像马克思曾在他负责发行的《新莱茵报》上发表关于1848年革命的系列作品那样。

（一）马克思与恩格斯对法国局势的交流

在写作过程中，马克思不仅利用了英法两国的书刊和官方资料以及寄自巴黎的私人书信，特别是海涅的秘书莱因哈特从巴黎寄给马克思的若干信件。③ 莱因哈特阐述了巴黎各个阶层对于政变的不满和动荡情绪，论述了波拿巴政权的前景。"波拿巴在政变前和政变后毫无例外地搞坏了他和一切政党的关系以后，正从所推行的这种或那种笼络人心的措施（如扩大社会性工作，许诺对十二月二日的参加者实行大赦等）中寻求平衡。但是，只要他试图干点什么事以有利于某一个阶级，所有

---

① 《马克思恩格斯全集》第27卷，北京：人民出版社1972年版，第413页。
② 《马克思恩格斯全集》第27卷，北京：人民出版社1972年版，第617页。
③ 对于资料来源的较为详细论述，参见《〈路易·波拿巴的雾月十八日〉的写作和出版情况》，《马克思恩格斯研究》1992年第8期，第201—204页。

这一切就都成为不稳定的和无目的的了。"① 马克思在《雾月十八日》中直接引用了莱因哈特1852年2月15日信中基佐的名言"这是社会主义的完全而彻底的胜利!"和日拉丹夫人的话。莱因哈特在1851年7月到1852年10月这段时期写给马克思的信留下了7封,它们的主要内容是叙述和分析与1851年十二月二日政变有联系的法国政治事件。② 当然马克思认为莱因哈特是个怀疑论者,因为他不大看得起人民。莱因哈特在致马克思的信件中指出:"巴黎公众的情绪发生了显著的变化;如果说这种情绪还没有超出绝望的程度,那么这种绝望的确已经感觉出来了,而且具有更阴暗更普遍的性质。"③

很大程度上恩格斯对法国革命局势的判断塑造着马克思的革命思考,也反映出马克思恩格斯都以唯物史观审视法国革命的趋势与前景及其共同认识和理解。1846年9月,恩格斯曾经揭示过1830年后法国立法权的实质与历史命运。"在1830年革命后这个时期内,从来还没有出现过这样露骨的厚颜无耻和对社会舆论的蔑视。至少有3/5的议员是内阁的亲朋密友;换句话说,这些人不是大资本家、商人、巴黎交易所的铁路股票投机家、银行家和大工业家之流,就是他们的恭顺奴仆。现在的立法权比以前的任何立法权都更加体现出拉菲特在七月革命后第一天所说的话:'从今以后,统治法国的将是我们银行家了。'这是大金融贵族和haute bourgeoisie〔资产阶级巨头〕统治法国的最显著的证明。决定法国命运的不是土伊勒里宫,也不是贵族院,甚至也不是众议院,而是巴黎交易所。"④ 法国工人阶级为自己的生存而斗争,丢弃了对祖国的幻想。对于1848年六月革命,恩格斯乐观地指出:"'马赛曲'连同对于法国大革命的其他一切回忆一起消逝了。"⑤ 只有无产阶级是真

---

① 《马克思恩格斯全集》第28卷,北京:人民出版社1973年版,第498页。
② 〔苏〕纳·维·库德里亚绍娃:《马克思创作〈路易·波拿巴的雾月十八日〉曾依据什么资料》,载《马克思恩格斯研究》1989年第2辑,第292页。
③ 《马克思恩格斯全集》第28卷,北京:人民出版社1973年版,第496—497页。
④ 《马克思恩格斯全集》第4卷,北京:人民出版社1958年版,第30页。
⑤ 《马克思恩格斯全集》第5卷,北京:人民出版社1958年版,第137页。

正革命的阶级，然而流氓无产阶级则甘心于被人收买，干反动的勾当。恩格斯明确地指出流氓无产阶级的反动角色，成为工人受到残酷镇压的帮凶。"主要从巴黎流氓无产阶级中召募来的别动队，由于薪俸优厚，在短期内就成了每次都替当权者卖命的御用军。被组织起来的流氓无产阶级反对未组织起来的劳动无产阶级。果然不出所料，像那不勒斯的流浪汉供斐迪南驱使一样，巴黎的流氓无产阶级甘愿供资产阶级驱使。"①

资产者以前并不容忍乞丐、浪人、无赖、顽童和小偷为非作歹的行为，现在却宠爱这些流氓无产阶级，以便残酷地屠杀和镇压革命的巴黎工人。

恩格斯批评激进小资产阶级的软弱无力，无力采取革命的行动。"2月25日，当武装的无产阶级统治巴黎的时候，当可能得到一切的时候，不就是这些人只会说安慰人的漂亮话，而没有革命的行动，只会许诺和规劝，而不采取迅速和坚决的措施。"② 恩格斯认为，犹豫不决、幻想（自我牺牲）的陈词滥调、为了革命的模糊回忆而忘记革命的行动是整个激进小资产阶级的固有特征。"激进小资产者之所以带有社会主义情绪，只是因为他们清楚地看到自己即将灭亡，看到自己即将加入无产阶级的行列。他们不是作为小资产者、小量资本的所有者，而是作为未来的无产者在幻想劳动组织，幻想资本和劳动之间关系的变革。只要他们获得政权，他们很快就会忘掉劳动组织。因为政权，至少是在最初一些日子的陶醉中，会使他们看到有获得资本和从威胁他们的灭亡中得救的前景。只有当武装的无产者端着刺刀为他们作后盾的时候，他们才会想起自己昨天的同盟者。"③ 小资产阶级并不是革命的，而是保守的。"这里所谈的根本不是山岳党在宣言中极其郑重地宣布过的能拯救世界的某些琐屑措施。这里所谈的是社会革命，它将给法国人带来跟那些语无伦次的、已成为死板公式的词句完全不同的结果。这里所谈的是实现这一

---

① 《马克思恩格斯全集》第5卷，北京：人民出版社1958年版，第151页。
② 《马克思恩格斯全集》第6卷，北京：人民出版社1961年版，第663—664页。
③ 《马克思恩格斯全集》第6卷，北京：人民出版社1961年版，第665页。

革命所必需的毅力。问题在于小资产阶级既然已经一度表现了软弱无能以后，是否还能在它那里找到这种毅力。"① 小资产阶级只有不维护他们目前的利益，而是维护他们将来的来临时，才能站到无产阶级的立场上，才能体现出革命所需的毅力。

1850年11月，恩格斯回到曼彻斯特，当时正在阅读法国和英国历史学家所写的执政时代和帝国的历史，特别是从军事角度去阅读。马克思与恩格斯对法国政局的变化与趋势保持着密切的交流，讨论着法国政治变化的前景，嘲笑着路易·波拿巴。恩格斯在1851年2月12日致信马克思中指出："路易·拿破仑真是个蠢材！为了一百八十万法郎，他把自己对'选举法'的疑问出卖给了立法议会，而把自己出卖给了蒙塔郎贝尔，最后钱也没有拿到手。这样一个冒险家的确成不了什么事业。如果他在四个星期内让狡猾的阴谋家牵着自己的鼻子走，那么第五个星期他必定让人家用最愚蠢的方式把他完成的一切破坏无遗。要么做凯撒，要么做克里希！"② 1851年5月份，马克思和恩格斯愈来愈感觉波拿巴执政的机会最大。恩格斯在分析波拿巴政变的后果时指出："路易·拿破仑的统治并没有结束阶级之间的战争。它只是暂时中止了时时标志着这个或那个阶级夺取或保住政权的企图的流血冲突。"③

对于波拿巴政权的前景与原因，恩格斯认为，波拿巴的军事专制"在和平时期必然会引起新的军事政变并会促使在军队中出现国民议会的各个党派。没有任何出路，这个笑剧必然自行垮台。如果再出现商业危机，那就不堪设想了！"④ 无产阶级并不愿意为国民议会战斗，一直等到更加尖锐更加明确的冲突出现。"如果这一次无产阶级没有群起而战斗，那是因为他们完全意识到自己的懈怠和无力，并将以宿命论的驯顺态度屈从于共和国、帝国、复辟和新的革命这种一再的循环，直

---

① 《马克思恩格斯全集》第6卷，北京：人民出版社1961年版，第666页。
② 《马克思恩格斯全集》第27卷，北京：人民出版社1972年版，第208页。
③ 《马克思恩格斯全集》第11卷，北京：人民出版社1995年版，第266页。
④ 《马克思恩格斯全集》第27卷，北京：人民出版社1972年版，第408页。

到他们在比较安定的统治下经历了若干年的灾难而重新积聚起新的力量时为止。"①

恩格斯也强调暴力的重要性，也提及日拉丹的过分自信。"如果明年在法国爆发革命，神圣同盟至少要进到巴黎城下，这是毫无疑问的。我们的法国革命家虽然具有渊博的知识和罕见的精力，但甚至巴黎的堡垒和要塞围墙能否得到所需要的武器和粮食，也还是个大问题。而只要有两个堡垒，例如圣丹尼及其东邻最近的堡垒，被敌人夺去，那么巴黎和革命就会在新的事件爆发之前垮台。"② 恩格斯认为，日拉丹低估了波拿巴，但是国民议会的保守党很可能与体现行政权的波拿巴达成妥协，"虽然日拉丹也说，卡芬雅克现在是资产阶级群众的即秩序党的唯一真正的候选人，但是他自己却猛烈地攻击卡芬雅克和尚加尔涅，他的论战令人重新想起他同《国民报》作斗争的极盛时期。这个家伙正在法国进行广泛的鼓动，比整个山岳党人和红色分子一帮合起来所进行的鼓动还要广泛。波拿巴好像已不在话下了。不过，如果国民议会的保皇党多数派再度违反宪法，**以简单的**多数决定修改宪法，那么他们最终仍然会被迫——因为他们会丧失一切合法的支柱——同体现行政权的波拿巴达成妥协。在这种情况下，可能会弄到发生严重冲突的地步，因为卡芬雅克很难再度让人把到了他嘴边的东西夺去。"③

1851年12月3日，恩格斯在致信马克思时认为十二月十日政变是可笑的模仿剧："法国的历史已经进入了极其滑稽可笑的阶段。一个全世界最微不足道的人物，在和平时期，依靠心怀不满的士兵，根据到目前为止能作出的判断并没有遭到任何反抗，就演出了雾月十八日的可笑的模仿剧，还能有比这更有趣的事情吗！"④ 很显然，马克思的标题设置与对波拿巴的态度受到恩格斯的深刻影响，而且二人对此保持着相同

---

① 《马克思恩格斯全集》第27卷，北京：人民出版社1972年版，第410页。
② 《马克思恩格斯全集》第27卷，北京：人民出版社1972年版，第250页。
③ 《马克思恩格斯全集》第27卷，北京：人民出版社1972年版，第282页。
④ 《马克思恩格斯全集》第27卷，北京：人民出版社1972年版，第401页。

的看法。此外，恩格斯还比较了法国大革命时期拿破仑与波拿巴，强调波拿巴主义的专制色彩：“现在甚至不再有什么国民议会可以破坏这个不被承认的英雄的伟大计划了；不会有了，至少在今天这头驴子像雾月十八日晚上的老拿破仑一样自由自在，一样无拘无束，一样绝对专制，他感到那样不受羁绊，以致不由得在各方面显出了驴子的本性。”① 恩格斯更进一步指出：“就我们昨天所看到的而言，对人民是不能抱任何希望了，真好像是老黑格尔在坟墓里把历史当作世界精神来指导，并且真心诚意地使一切事件都出现两次，一次是作为伟大的悲剧出现，另一次是作为卑劣的笑剧出现。”② 马克思稍加改动和扩展，即将其运用到《雾月十八日》的首段，从总体上显示出马克思对波拿巴政变的认知和态度。恩格斯在12月10日和11日的两封信中揭示了巴黎工人没有大规模抵制这次政变的原因。③ "恩格斯在1852年1月、2月、3月写给马克思的许多信，或多或少的程度上都是对这次政变的分析评论。"④

大约1851年12月20日至1852年1月4日，恩格斯在伦敦期间与马克思当面讨论了法国政变问题。1852年2月至4月刊登在《寄语人民》上的恩格斯的《去年十二月法国无产者相对消极的真正原因》在内容上是与马克思的《雾月十八日》相衔接的。恩格斯也揭示了波拿巴政变成功的原因、本质及其固有的矛盾。⑤ 这组文章也表明马克思同恩格斯就《雾月十八日》中论述的问题诚挚地交换过看法。恩格斯的这组文章虽然扼要地集中论述工人阶级的策略，但实际上阐述的是《雾月十八日》的同一思想。⑥

---

① 《马克思恩格斯全集》第27卷，北京：人民出版社1972年版，第402页。
② 《马克思恩格斯全集》第27卷，北京：人民出版社1972年版，第403页。
③ 《马克思恩格斯全集》第27卷，北京：人民出版社1972年版，第408、410页。
④ 〔苏〕纳·维·库德里亚绍娃：《马克思创作〈路易·波拿巴的雾月十八日〉曾依据什么资料》，载《马克思恩格斯研究》1989年第2辑，第288页。
⑤ 《马克思恩格斯全集》第11卷，北京：人民出版社1995年版，第259—271页。
⑥ 《〈路易·波拿巴的雾月十八日〉的写作和出版情况》，载《马克思恩格斯研究》1992年第8期，第200页。

(二)《雾月十八日》的写作

波拿巴政变的悲喜剧困扰着马克思,以至于马克思并未立即回信恩格斯。马克思指出:"我被巴黎的这些悲喜剧事件弄得十分忙乱……我不能像维利希那样说:'真奇怪,巴黎方面竟什么也没有告诉我们!'我也不能像沙佩尔那样,老是拿着一杯啤酒在谢特奈尔酒馆里高谈阔论……所以他们决定等到事情'决定下来'以后再大踏步前进。"① 对于波拿巴政变的法国局势,马克思乐观地认为,"无论如何,我看改变是使局势好转了,而不是恶化了。波拿巴要比国民议会和它的将军们更容易对付。而国民议会的专政'已站在门外了'"。② 马克思明确地认为,波拿巴暂时取得了胜利,而且无产阶级保全了自己的力量。

当时马克思一家正处于生计艰难时期,而且马克思自己也饱受疾病的困扰,要做很大的努力才能工作。据燕妮回忆,马克思是在第恩街的一间小房里,在孩子们的吵闹声和家庭琐事搅扰下写完这本书的。她于3月转抄好手稿,并把它送出去。③ 马克思的女儿爱琳娜·马克思也曾经回忆:"事实上,就是他在索荷区第恩街写《雾月十八日》中的几章时,他也被三个孩子当做拉车的马,他们坐在他身后的椅子上,不停地用鞭子驱赶着他。"④

1852年1月1日,马克思致信魏德迈:"我现在才把文章寄给你,是因为工作不但受到当前急剧发展的事态的影响,而且在更大程度上还受到私事的干扰。从现在起开始正常了。"⑤ 然而正在1852年新年之际,由于恩格斯在伦敦挽留马克思狂饮了一顿,导致了燕妮对马克思的

---

① 《马克思恩格斯全集》第27卷,北京:人民出版社1972年版,第405页。
② 《马克思恩格斯全集》第27卷,北京:人民出版社1972年版,第406页。
③ 〔德〕燕妮·马克思:《动荡生活简记》,载中央编译局编译《回忆马克思》,北京:人民出版社2005年版,第61页。
④ 〔德〕爱琳娜·马克思:《卡尔·马克思》,载中央编译局编译《回忆马克思》,北京:人民出版社2005年版,第207页。
⑤ 《马克思恩格斯全集》第28卷,北京:人民出版社1973年版,第469页。

《路易·波拿巴的雾月十八日》的出版与传播（代序）

一些不满。由于重感冒，马克思病卧在床上，无法专心地撰写《雾月十八日》。1852年1月9日，燕妮告知魏德迈："我的丈夫一周来病得很重，几乎一直躺在床上。"① 正是在这种艰难的情况下，马克思完成了《雾月十八日》第二章内容的写作。1852年1月16日，马克思致信魏德迈指出："今天是我两个星期以来第一次下床。你可以看出，我的病是严重的，直到目前还没有痊愈。因此这星期我不能如愿把我论波拿巴的文章的第三篇寄给你。……我现在还非常虚弱，不能继续写了。"② 1852年1月19日，马克思开始下床了，20日又开始写东西了。

1852年1月23日，马克思再次向魏德迈表达了遗憾："遗憾得很，我的病还不允许我在这个星期给你，也就是给你的报纸写点东西。我**好不容易**才给德纳弄成一篇文章，他已有六个多星期没有收到我任何东西了。多少年来还没有一件事，甚至最近的法国丑事也没有像这该死的痔疮那样打破我的生活常规。但是现在我感到就会好起来，一个月内不得不离开图书馆，曾使我非常苦恼。"③ 1852年1月24日，马克思致恩格斯的信件中指出："你从这里走后，我给可怜的魏德迈自然只能寄去一篇文章。这次痔疮对我的折磨比法国革命还厉害。我要设法在下星期写出点东西。我的'臀部的'情况还不允许我去图书馆。"1月30日、2月13日，马克思分别将稿件的第三章、第四章寄给魏德迈，然而马克思自己一旦投入写作便一发不可收拾，越写越多。正在这时，经济困境干扰着马克思，使他无法继续写作。1852年2月20日，马克思致信魏德迈："我这个星期不能寄任何东西给你，原因很简单，一个多星期以来，我陷入可恶的经济困境之中，以致我无法继续在图书馆从事研究，更不用说写文章了。"④ 3月5日，马克思寄出了第五章，3月25日终于把最后一部分原稿寄给了魏德迈。正是在3月25日致魏德迈的信件中，

---

① 《马克思恩格斯全集》第28卷，北京：人民出版社1973年版，第640页。
② 《马克思恩格斯全集》第28卷，北京：人民出版社1973年版，第473—474页。
③ 《马克思恩格斯全集》第28卷，北京：人民出版社1973年版，第475页。
④ 《马克思恩格斯全集》第28卷，北京：人民出版社1973年版，第492页。

马克思要求在第五篇的末尾加上如下的话："然而波拿巴像阿革西拉乌斯回答国王亚奇斯那样回答了秩序党：'你把我看作蚂蚁，但是总有一天我会成为狮子的。'"① 然而魏德迈在3月30日的回信中告知，马克思的文稿没有出版的希望了。

（三）《雾月十八日》的出版

由于魏德迈缺乏资金，政治周刊的出版计划遭到了失败。② 事实上，马克思与恩格斯都担心任何妨碍出版的困难会发生。1852年1月1日，马克思在致魏德迈的信中提醒道："如果你由于资金困难不得不把自己的事业推迟一个较长的时间——**希望不会发生这种情况**，——那就请你把文章交给德纳，以便他把文章译成英文供他的报纸刊用。不过我希望这没有必要。"③ 魏德迈"写道：'从秋天以来，失业现象在这里空前严重，以致每一个新企业都遭到巨大的困难。而且，近来工人们受到各式各样的盘剥。最初是金克尔，接着是科苏特，而大多数人都愚蠢到宁可送一块钱给敌视他们的宣传，而不愿出一分钱来捍卫资金的利益。美国的土壤对人们起着一种极大的腐蚀作用，而同时人们却开始以为，他们比旧大陆的人们高瞻远瞩得多哩。'但是魏德迈并没有绝望，他希望能够使他的周刊以月刊的形式复活"④。

获悉《革命》无法出版的消息，马克思曾经建议魏德迈分印张或分篇出版。1852年2月13日在马克思致信魏德迈的附言中，燕妮第一次提到马克思的建议："我的丈夫认为，他的关于法国的一组文章（还有两篇要加进去），是最应时的东西，因此作为他在《评论》上发表的文章的续篇，也是最适于印小册子的材料。如果纽约某个出版商同德国

---

① 《马克思恩格斯全集》第28卷，北京：人民出版社1973年版，第511页。
② 对于《雾月十八日》在纽约出版的情况，参见《〈路易·波拿巴的雾月十八日〉的写作和出版情况》，载《马克思恩格斯研究》1992年第8期，第209—214页。
③ 《马克思恩格斯全集》第28卷，北京：人民出版社1973年版，第469—450页。
④ 〔德〕梅林：《马克思传》，樊集译，北京：人民出版社1985年版，第272—273页。

有联系，那么可以指望在德国有相当大的销路。这部著作与其说是为美国倒不如说是为欧洲而写的。"① 2月20日，马克思在附言中再次强调："如果你的报纸不能出版，那么你是否能把我的小册子分印张出版或者像我给你寄去的那样分篇出版？否则时间会拖得太长。"② 1852年2月27日，燕妮致信魏德迈时指出，马克思"请您马上把他的论拿破仑的文章的五篇寄回，如果您不能刊登的话。也许，我们能把它们译成法文出版，虽然放弃德文的确很可惜"。"我的丈夫认为，最好您能在美国出版这东西，因为它肯定能收回成本；并且最好还能在德国推销，因为它对当前最重大的事件作出了历史的评价。""为了不致拖延过久，您可以将每一篇单独刊登，因为这些东西非常引人注意。然后可以把所有这些并在一起。今天寄上第五篇，下星期五他将寄上第六篇——结尾部分。我再说一遍，**请您尽力将这部著作印成小册子**。如果办不到，请您把它寄回，——无论如何必须把它出版。"③

魏德迈在1852年4月9日的信件中提及："出版这本小册子所面临的困难，终于因得到意料之外的帮助而克服了。在我上一次的信发出以后，我遇到了我们法兰克福的一个工人，他是一个裁缝，今年夏天刚刚来到这儿。他把自己省下来的四十美元全部交给了我，供我使用。"④ 马克思在致阿道夫·克路斯的信件中谈及《雾月十八日》即将出版的欣喜之情，也非常满意："你那封令人感到《波拿巴》有出版希望的信（4月19日接到的），使我特别高兴，因为对于我的妻子的非常柔软的性格来说，这件事一定又会使她振奋起来……"⑤ 1852年5月，魏德迈以单行本形式将这部论著作为不定期刊物《革命》的第一期出版，却

---

① 《马克思恩格斯全集》第28卷，北京：人民出版社1973年版，第490页。
② 《马克思恩格斯全集》第28卷，北京：人民出版社1973年版，第495页。
③ 《马克思恩格斯全集》第28卷，北京：人民出版社1973年版，第643—644页。
④ 约瑟夫·魏德迈致马克思的信（1852年4月9日），参见梅林：《新近为卡·马克思和弗·恩格斯的传记而写的文章》，载《新时代》德文版第25卷，第二册，第103页；转引自海因里希·格姆科夫等：《马克思传》，侯廷镇等译，北京：人民出版社2000年版，第176页。
⑤ 《马克思恩格斯全集》第28卷，北京：人民出版社1973年版，第518页。

在扉页和自己写的前言中误将标题写成了《路易·拿破仑的雾月十八日》。① 恩格斯在评价《雾月十八日》的出版技术工作时指出："很可惜铅字太小,开本太大,这给阅读增添很大困难,特别是在碰到歪曲意思的刊误的时候,当然,由于经费不足,要避免这种情况是不可能的。"②

二 《雾月十八日》的世界传播

1851年12月2日波拿巴政变是当时欧洲政治的重要事件,成为很多著作的主题。其中维克多·雨果的《小拿破仑》、蒲鲁东的《从十二月二日政变看社会革命》两部著作当时特别有名,而且给作者带来了丰厚的报酬,但是《雾月十八日》却并未如此幸运。然而时过境迁,它们的命运却发生了相反的变化。正如梅林所说的："马克思的著作问世时,和那两个更幸运的姊妹相比就好像灰姑娘一样。但是那两部著作早已被遗忘的尘埃掩盖了,而马克思的著作却至今仍然放射着不朽的光辉。在这部闪烁着智慧和机智的著作中,马克思以前无古人的技巧,以历史唯物主义的观点透彻地分析了当代的事件。这部著作的形式和它的内容一样辉煌。"③

(一)"不合时宜"的遭遇与转折

相比于《法兰西阶级斗争》和《科隆共产党人案件》,《雾月十八日》现在得到更为广泛的传播。然而在马克思时代事情却截然相反。1852年5月25日前后,《雾月十八日》开始在美国销售。事与愿违,销路极差。然而伦敦同盟支部的成员以及马克思和恩格斯在英国和欧洲

---

① 吴学琴主编:《马克思主义著作选读》,合肥:安徽人民出版社2008年版,第270页。
② 《马克思恩格斯全集》第28卷,北京:人民出版社1973年版,第531页。
③ 〔德〕梅林:《马克思传》,樊集译,北京:人民出版社1985年版,第271页。

大陆上的为数众多的朋友和熟人都收到了《雾月十八日》。① 当时魏德迈印刷了1000份《雾月十八日》，将其中近三分之一都寄往欧洲；数百份输送到德国，但并没有在真正的书籍市场上出售过。1852年1月23日，恩格斯致信魏德迈中曾提到《革命》的发行问题，"五十本《革命》太多了，可能要付很大一笔钱，即每次要付四先令甚至更多的钱。由于到处进行逮捕，人们各奔东西等，以及由于德国的出版法，在这里只能指望有少数的订户，而在德国——也许只有在汉堡才能指望有几个订户。因此分发试刊没有什么用处。"②

大概从1852年8月初，马克思设法安排《雾月十八日》在德国出版，也试图出版英文版。在1852年8月至9月间，马克思试图在德国出版此书，但一切尝试都未成功。马克思曾经在1869年《雾月十八日》第二版序言中提到："当我向一个行为极端激进的德国书商建议销售这种刊物时，他带着真正的道义上的恐惧拒绝了这种'不合时宜的要求'。"③ 保尔·拉法格指出："他的《雾月十八日》完全无人注意，这部著作证明1848年所有的历史学家和政论家，只有马克思一个人才了解1851年12月2日那次政变的原因和结果。虽然这本书是谈论当前的重大问题，但却没有一家资产阶级的报纸提到过它。"④ 1852年9月，马克思希望用英文出版《雾月十八日》，以扩大《雾月十八日》在世界范围的影响。当时马克思找到共产主义同盟盟员皮佩尔翻译第一章，并请求琼斯翻译这部著作，并希望在其主办的《人民报》上刊登。琼斯起初答应了，但是并没有兑现诺言，因而没有出版。恩格斯邀请共产主义者同盟盟员皮佩尔翻译，并经恩格斯润饰过的《雾月十八日》在10月底正式出版英译本，但同样销路不畅。当马克思收到由魏德迈在纽约

---

① 《〈路易·波拿巴的雾月十八日〉的写作和出版情况》，载《马克思恩格斯研究》1992年第8期，第214、217页。
② 《马克思恩格斯全集》第28卷，北京：人民出版社1973年版，第479页。
③ 《马克思恩格斯文集》第2卷，北京：人民出版社2009年版，第465页。
④ 〔德〕保尔·拉法格：《回忆马克思》，载中央编译局编译《回忆马克思》，北京：人民出版社2005年版，第202页。

出版的《雾月十八日》后，1852年12月11日和18日琼斯两次在《人民报》上发表了对此书的评论，这是《雾月十八日》最早的评论性文章。

直到1869年书籍市场的需求以及德国朋友的催促，才促使马克思安排汉堡出版商奥·迈斯纳在汉堡出版了第二版。当时俾斯麦在发动普法战争之前，企图效仿波拿巴的政变。马克思这时决定再版《雾月十八日》。1869年1月底，马克思在给恩格斯的信件中，谈及他准备重版《雾月十八日》，并告诉恩格斯，迈斯纳愿意承担该书的出版工作。1869年5月21日马克思致信恩格斯："迈斯纳一星期前给我寄来《雾月十八日》的第一个印张，并保证说，现在工作将'迅速'进行。"① 再版前，马克思重新审订了原文，改正了印刷错误，删去了重复的语句，节略了某些段落，将书名改为《路易·波拿巴的雾月十八日》。马克思于6月中旬才收到最后一批校样，6月23日撰写了序言并寄给迈斯纳。迈斯纳收到马克思寄来的校样和序言后，于7月20日在汉堡出版了《雾月十八日》德文版。

德国资产阶级报刊对《雾月十八日》新版竭力保持沉默。德国《人民报》只是在1870年8月16日才发表了该书出版的消息，同时刊登了序言。《雾月十八日》新版出版后，马克思立即寄给恩格斯数本，7月24日当恩格斯收到书后在给马克思的回信中称赞"这本书装帧很好，没有印错的字，读起来好得多。序言很好"②。

在《雾月十八日》中，马克思无情地控诉了路易·波拿巴这个暴发户，因此这本书要在法国出版，是根本不可想象的。由于在波拿巴政变之后紧接着发生了科隆共产党人案件，马克思要找到一个出版人就更加困难了。③ 1885年7月《雾月十八日》第三版出版后，恩格斯于同年

---

① 《马克思恩格斯全集》第32卷，北京：人民出版社1974年版，第302页。
② 李佩龙等：《〈路易·波拿巴的雾月十八日〉的写作、出版和传播》，载《宁夏大学学报（人文社会科学版）》1983年第1期，第18页。
③ 〔德〕梅林：《马克思传》，樊集译，北京：人民出版社1985年版，第275页。

7月至8月间开始审阅由法国社会主义者爱·福尔坦翻译的《雾月十八日》法文版。恩格斯与福尔坦通信，商谈关于在法国工人党机关报《社会主义者报》上发表这一译文的可能性。福尔坦知道《雾月十八日》是描写法国1848-1852年杰出的历史著作，所以想把它译成法文。此外，拉维涅也在翻译，但是恩格斯还是决定采用福尔坦的译本。法文本终于在1891年1月发表在法国《社会主义者报》上，在利尔德劳利出版社出版了单行本。①

即使如此，"不合时宜"的著作也在马克思主义者中影响广泛，受到了极大的关注。克路斯和魏德迈在其文章中多次援引《雾月十八日》并注明引自马克思的这部著作。1860年，卡尔·福格特还在美国一些德文地方小报上与之进行论战。19世纪60年代，马克思的《雾月十八日》不仅对于捍卫共产主义政党独立的政治立场，而且为反对波拿巴主义提供原则的和科学的论据，具有重大的现实意义。1862年以来，俾斯麦在普鲁士推行一项实质上是波拿巴主义的政策。② 作为马克思的亲密合作者恩格斯充分强调《雾月十八日》的意义，在《雾月十八日》第三版序言中明确地指出："的确，这是一部天才的著作。"③《雾月十八日》被视为验证马克思的唯物史观的范例，也被赋予科学的内涵。在《法兰西阶级斗争》和《雾月十八日》中，马克思是"用他的唯物主义观点一定从经济状况出发来说明一段现代历史的初次尝试"④。

1896年，德国和国际工人运动的著名活动家威廉·李卜克内西指出："马克思在《路易·波拿巴的雾月十八日》中为1851年12月2日的政变立了一块耻辱的碑石，就像但丁的《恐怖的三重唱》那样永恒

---

① 李佩龙等:《〈路易·波拿巴的雾月十八日〉的写作、出版和传播》，载《宁夏大学学报（人文社会科学版）》1983年第1期，第18页。
② 《〈路易·波拿巴的雾月十八日〉的写作和出版情况》，载《马克思恩格斯研究》1992年第8期，第215—216、221页。
③ 《马克思恩格斯文集》第2卷，北京：人民出版社2009年版，第468页。
④ 《马克思恩格斯全集》第22卷，北京：人民出版社1965年版，第591页。

不朽。"① "能够说《路易·波拿巴的雾月十八日》不能理解吗？难道直飞目标而深深刺入肉体的箭不能理解吗？难道妙手掷出、正中敌人心窝的投枪不能理解吗？《路易·波拿巴的雾月十八日》的语言就是箭和投枪，它的风格是用火烙，用刀杀。如果憎恨、轻蔑、对自由的热爱曾经在什么地方用燃烧、破坏和激昂的语言表达过，那就是在《路易·波拿巴的雾月十八日》这部著作中。这部著作把塔西佗的严肃的愤怒、尤维纳利斯的尖刻的讽刺和但丁的神圣的怒火综合在一起了。这种风格在这里就是 stilus，即最初罗马人拿在手里的那种用以书写和刺戳的尖锐钢刀。这种风格是一把真正刺中心窝的匕首。"② 第一部《马克思传》的作者梅林视《雾月十八日》为马克思的小部头历史著作宝库中最晶莹灿烂的宝石。梅林认为："在这部闪烁着智慧和机智的著作中，马克思以前无古人的技巧，从历史唯物主义的观点透彻地分析了当代的事件，这部著作的形式和它的内容一样辉煌。"③

意大利第一个马克思主义哲学家拉布里奥拉因撰写《纪念〈共产党宣言〉》，而被恩格斯称之为"严肃的马克思主义者"。1896年3月，拉布里奥拉指出了《雾月十八日》对于理解唯物史观的意义："正是他作为这个学说的基本原理的第一个和主要的创造者，很快地把这个学说变成政治理解的工具，成为1848—1849年革命时期的首屈一指的政论家。稍后，他在他的著作《路易·波拿巴的雾月十八日》中最彻底地运用了这个学说；就是在许多年和多次再版后的今天，我们可以说，这部著作——除了一些小的细节和个别的错误预言——不需要作任何修正和补充。"④ 拉布里奥拉认为："阐述路易·波拿巴的雾月十八日的著作

---

① 〔德〕威廉·李卜克内西：《纪念卡尔·马克思——生平与回忆》，载中央编译局编译《回忆马克思》，北京：人民出版社2005年版，第56页。
② 〔德〕威廉·李卜克内西：《纪念卡尔·马克思——生平与回忆》，载中央编译局编译《回忆马克思》，北京：人民出版社2005年版，第31页。
③ 〔德〕梅林：《马克思传》，樊集等译，北京：人民出版社1965年版，第278页。
④ 〔意〕安东尼奥·拉布里奥拉：《关于历史唯物主义》，杨启遴等译，北京：人民出版社1981年，第133页。

则是把新的历史观运用于有严格时间界限的一系列事实的第一个尝试。"① 马克思在《雾月十八日》中所提及的集团、霸权以及领导权等概念深刻地影响着意大利共产党创始人之一葛兰西。葛兰西提及《雾月十八日》时认为:"有人说,政治和意识形态的任何一次波动都可以当作基础的直接反映来加以描述和说明,并把这说成是历史唯物主义的一条基本原理。对于这种主张,必须当作一种原始的幼稚病从理论上加以驳斥,同时还要用具体的政治和历史著作葛兰西的作者马克思提供的真凭实据在实践中大力反对。从这一角度来看,特别重要的著作有《雾月十八日》和关于东方问题的文章,以及其他的论著(《德国的革命和反革命》《法兰西内战》)和一些短文。"②

在苏东共产党人中,列宁认为,与《共产党宣言》相比,马克思在《雾月十八日》中的精彩论述向前迈进了一大步。"在那里,国家问题还提得非常抽象,只用了最一般的概念和说法。在这里,问题提得具体了,并且作出了非常准确、明确、实际而具体的结论:过去一切革命都是使国家机器更加完备,而这个机器是必须打碎,必须摧毁的。这个结论是马克思主义国家学说中主要的基本的东西。"马克思的学说在这里也像其他任何时候一样,是由深刻的哲学世界观和丰富的历史知识阐明的经验总结。③ 克莱恩重点解读了"革命是历史的火车头"的论断以及无产阶级专政学说。他认为马克思以说明现代史的形式对革命事件进行广泛的研究,这种研究"也就失去了革命日报通过每日干预运动和直接成为运动的喉舌所具有的优点"。④《雾月十八日》对各种国家形式的转换及其原因以及对于国家机器的作用的研究,使马克思得出了无产阶级专政的本质的新结论。

---

① 〔意〕安东尼奥·拉布里奥拉:《关于历史唯物主义》,杨启遴等译,北京:人民出版社1981年,第27页。
② 〔意〕葛兰西:《葛兰西文选》,李鹏程编,北京:人民出版社2008年版,第236页。
③ 《列宁选集》第3卷,北京:人民出版社1995年版,第133—134页。
④ 〔东德〕马·克莱恩:《马克思主义哲学史》,北京:中国人民大学出版社1983年版,第338页。

在《雾月十八日》一书中，马克思以法兰西共和国为例，证明在资产阶级共和国的范围内，不可能消除工人阶级受剥削的现象在这部著作中，他第一次表达出这样一种思想，即无产阶级在革命胜利以后，不应该接过反动的、资产阶级的国家机器及其一切军事的、官僚主义的、为压迫人民群众而建立的机构，而是必须把国家机器砸碎。在无产阶级领导下，摧毁旧的国家机器，建立新的国家权力机关，实现从资本主义社会到共产主义社会的过渡——马克思把这些总称为"无产阶级专政"。①

（二）《雾月十八日》的广泛传播

《雾月十八日》出版后，当时一些评价本书的作者一般也把这部著作仅仅看成是分析法国事件及形势的政治论著。魏德迈所写的介绍文章指出："卡尔·马克思在《纽约论坛报》上发表题为〈德国革命与反革命〉的连载文章（这些论文是恩格斯写的，发表时用的是马克思名字——引者注），在文章中他描述了德国革命发展的当前形势。他用类似的方式在他的〈雾月十八日〉中叙述了法国的形势。"② 另一个作者埃卡留斯则指出，这本书"为波拿巴篡权的历史提出了不仅是第一个，而且是唯一的一个有权威的说明"。它"是唯一的一部同时既满足历史的要求，又满足当代人对理解所从事的革命运动的需要的著作"③。但是他们还没有指出这部著作的重大意义，更没有以方法论为指导对其进行诠释。

《雾月十八日》传播过程的一个重要事件是《雾月十八日》英译本的出版。1897年9月12日至11月14日，丹尼尔·德利昂（Daniel De

---

① 〔德〕海因里希·格姆科夫等：《马克思传》，侯廷镇等译，北京：人民出版社2000年版，第175—176页。
② 〔德〕约瑟夫·魏德迈：《路易·波拿巴的雾月十八日》一书序言，载《约瑟夫·魏德迈——美国社会主义的先驱》一书的附录。
③ 〔德〕格奥尔格·埃卡留斯：《政变文献评价》，载《马列著作编译资料》第8辑，北京：人民出版社1980年版，第19、5页。

Leon）将《雾月十八日》翻译成英文，以连载的方式发表在美国社会主义劳动党官方机构《人民报》（*The People*）周刊上。美国共产党主办的纽约国际出版公司（1935年、1963年、1972年、1987年等重印）在1897年12月首次出版了英文版本，① 而且指出西奥多·罗斯福与路易·波拿巴的惊人相似之处。德利昂在译者序言中指出，《雾月十八日》是马克思最深邃且富有才气的专题论文之一，是最优秀的历史著作之一。专门出版马克思主义著作的芝加哥查尔斯·克尔公司（1913年再版）、密歇根大学图书馆（1926年再版）分别在1907年出版了《雾月十八日》；艾伦&安文公司在1926年（1939年、1943年再版）出版了《雾月十八日》。②

《雾月十八日》最早的俄文版是1894年在日内瓦出版的，同时恩格斯的序言也刊登在该书的第一版上。1905年至1906年由克里切夫斯基翻译的《雾月十八日》俄文版在日内瓦出版。1932年，苏联出版了《雾月十八日》，而且这个版本是把马克思自己在这部著作第二版去掉了的部分完全保存下来的唯一版本。1940年，苏联马克思恩格斯学院又出版了根据两卷集翻印的新版《雾月十八日》。③ 纽约劳动新闻公司1951年、阿普尔顿世纪调查公司1955年分别出版了《雾月十八日》。国际图书有限公司、中央图书有限公司分别在1969年、1977年出版了《雾月十八日》。

三 《雾月十八日》在中国的传播与影响

《雾月十八日》在中国有着较长的出版和传播史并产生了一定的影

---

① Karl Marx, *The Eighteenth Brumaire of Louis Bonaparte*, New York: the International Publishing Comoany, 1897.

② Karl Marx, *The Eighteenth Brumaire of Louis Bonaparte*, Chicago: Charles H.Kerr Company, 1907; *The Eighteenth Brumaire of Louis Bonaparte*, University of Michigan Library, 1907; *The Eighteenth Brumaire of Louis Bonaparte*, London: G.Allen & Unwin,Ltd., 1926.

③ 李佩龙等：《〈路易·波拿巴的雾月十八日〉的写作、出版和传播》，载《宁夏大学学报》（人文社会科学版）1983年第1期，第18页。

响。1919年12月，胡汉民在国民党理论刊物《建设》杂志发表《唯物史观批评之批评》一文节译了《雾月十八日》（当时译为《法兰西政变论文》），是最早见诸中文的节译本，为《雾月十八日》所蕴含的唯物史观、社会心理观在中国的传播提供了当时最为详尽的原文。① 1920年3月，李大钊倡导成立了"北京大学马克斯学说研究会"。那时研究会已有马克思主义的英文书籍四十余种，中文书籍二十余种，其中英文书籍包括《雾月十八日》。②《雾月十八日》最早的中译本是由陈仲涛翻译的《拿破仑第三政变记》，由上海江南书店在1930年5月出版的。③ 吴黎平（吴亮平的笔名）在其编译的《辩证法唯物论与唯物史观》中附录三《唯物史观研究大纲》中将陈仲涛所翻译的版本列为理解马克思主义社会发展、社会变革、个人在历史中的作用、唯物史观意义等方面的补充参考书。这对于《雾月十八日》在中国的传播起到了不可低估的作用。

1938年5月5日是马克思诞辰120周年纪念日，中共中央在延安建立了第一所马列学院（历史上第一个专门编译马列著作的机构），不久又建立了中共中央出版发行部，统一领导中共的出版发行工作。中央出版发行部以"解放社"的名义出版《马克思恩格斯丛书》，其中包括《拿破仑第三政变记》。1940年柯柏年译、吴黎平校的《拿破仑第三政变记》单行本在解放出版社出版。④ 赵俪生也讲述了其与《雾月十八日》的机缘。"在一九四零年春，我在西安偶尔从旧书摊上买到一本著着一位日本人姓名的伦敦版英译的《拿破仑第三政变记》。买后不久，立刻就动手翻译。译到一多半时，柯译本出版的消息便在重庆的《大公

---

① 李其驹：《马克思主义哲学在中国》，上海：上海人民出版社1991年版，第77—78页。

② 胡永钦等：《马克思恩格斯著作在中国传播的历史概述》，载《马克思恩格斯著作在中国的传播》，北京：人民出版社1983年版，第252页。

③ 参见上海出版大事记，http://www.shtong.gov.cn/node2/node2245/node4521/node29047/userobject1ai54450.html。

④ 〔德〕马克思：《拿破仑第三政变记》，柯柏年译，吴黎平校，延安：延安解放出版社1940年版。

报》和《新华日报》上刊出了。因此，我中止了翻译。那多半部的译稿在某次特务搜查中埋在砖底下的土里，后来竟完全朽烂了。这便是我与《拿破仑第三政变记》一书的因缘。"①

柯柏年按英文本并对照德文本译出《拿破仑第三政变记》，此后吴黎平按俄文本、英文本并参照德文本校对。② 尽管当时柯柏年在译本中列出了《雾月十八日》的英文标题，但是由于大家将其意译为《拿破仑第三政变记》而采取从众的态度，却将英文标题翻译为《路易·波拿巴底二月十八日》。该版本收录了马克思为第二版撰写的序言以及恩格斯为第三版撰写的序言。1940年8月，上海生活书店以"世界学术名著译丛"名义出版翻印或新译解放社出版的马克思恩格斯著作，其书名仍为《拿破仑第三政变记》。"当年每本书出版时印数可能有两千册左右。纸张多用马兰草纸，质量不好，只有发给中央委员们的书才用白报纸印，我们译者也可拿到一本白报纸本的赠书。我们的书在解放社出版后，往往很快就在重庆重印出版。"③ 柯柏年等在《译校者关于本书内容的一点说明》中高度评价了其意义。

在《拿破仑第三政变记》这书中，马克思如此英明地深刻地分析了法国这一时期的历史事变，如此具体地光辉地运用唯物史观的伟大理论，使得这一著作（和马克思的其他著作一样）虽然到现在差不多经过了九十年，还不仅没有丝毫丧失而反是日益显示其内容的正确与意义的伟大。这真是一部万古不磨的、百读不厌的名著。书上的文字是非常美丽的、有力的。在文字上说，这

---

① 赵俪生：《略评〈拿破仑第三政变记〉柯译本》，载《文史学的新探索》，上海：海燕书店1951年版，第187页。
② 杨荟娟：《抗日战争时期马列著作翻译的特点》，载《高校讲坛》2010年第19期。
③ 何锡麟：《回忆在延安翻译马列经典著作的情况》，载《马克思恩格斯著作在中国的传播》，北京：人民出版社1983年版，第129页。

部名著也可在文学上占最高的位置。①

对于《法兰西阶级斗争》和《拿破仑第三政变记》两本书，柯柏年曾回忆道："有种论点认为，这两本书不是马克思的主要著作。其实，恰恰相反。马克思正是在这两本书里应用他的唯物史观剖析了他所处时代的重大事件。如果我们要学习马克思的理论，学习他如何应用其理论，那就必须仔细钻研这两本书。特别值得注意的是，恩格斯为《拿破仑第三政变记》所写的绪论。在这篇绪论里，恩格斯用唯物史观解释了法、德两国从十九世纪中期到十九世纪末期这几十年的历史，并对未来的革命做了分析和预见。"②

抗战胜利后，1947年9月，这本书由解放社出版了"胜利后的一版"。新中国成立后，重印的《雾月十八日》仍是上述"胜利后的一版"。1949年，哈尔滨的新华书店、北京的人民出版社、上海的光华书店等再次以《拿破仑第三政变记》为书名出版了《雾月十八日》。特别是，人民出版社在1953年、1954年两次印刷了该书。同年马列学院编写了《关于学习"拿破仑第三政变记"的参考材料》，编者在其后记中强调"这本书不甚易读，尤其是书中用典甚多，而且都是我们所不甚熟悉的外国典故，若对于这些典故不能了解，也就很难领会马克思的文章的妙处，因而障碍着领会文件的精神实质"。这些书在新中国成立后都曾再版或重印，但后来在有了中央编译局的译本后就不再印行了。

1950年12月人民出版社成立以后，马列著作的编辑出版工作开始有了集中统一的规划。一方面把过去的译本（包括解放社版和三联书店版）重新校订后统一用人民出版社的名义出版；一方面组织翻译新的译本，苏联外国文书籍出版社的版本也经过原译者校订译文后重新排印出

---

① 〔德〕马克思：《拿破仑第三政变记》，柯柏年译，吴黎平校，延安：延安解放出版社1940年版，第4页。

② 柯柏年：《我译马克思和恩格斯著作的简单经历》，载《马克思恩格斯著作在中国的传播》，北京：人民出版社1983年版，第32页。

《路易·波拿巴的雾月十八日》的出版与传播（代序）

版。1951年至1953年间，除人民出版社外，其他数家出版社也零星出版过一些马列著作。1953年以后马列著作基本上都统一由人民出版社出版了。《马克思恩格斯文选》第1卷集中编载了马克思的关于19世纪法国历史的三篇著作，以"路易·波拿巴政变记"为题名收录了《雾月十八日》的全文，视其为运用历史唯物主义方法分析具体历史事变的光辉范例。①1955年2月26日，《人民日报》第三版对《马克思恩格斯文选》第1卷内容进行了介绍，包括《雾月十八日》。

1953年1月，中共中央成立了马克思恩格斯列宁斯大林著作编译局（简称中央编译局），其任务是有系统有计划地翻译马恩列斯的全部著作。中央编译局根据1955年开始出版的《马克思恩格斯全集》俄文第二版并参照德文原著译出的《马克思恩格斯全集》（第8卷）中文第一版收入了《雾月十八日》一文。《马克思恩格斯全集》俄文第二版所收的《雾月十八日》是根据1869年德文版本翻译的。编者援引了苏共中央马克思列宁主义研究院的《第八卷说明》指出，《雾月十八日》"是科学共产主义的最卓越的著作之一。这一分析历史事件并从理论上加以概括的天才著作，同时也是革命政论的真正杰作"②。特别是，编译者在《马克思恩格斯全集》（第8卷）中文第一版中首次根据原著标题译为"路易·波拿巴的雾月十八日"，但并没有将马克思、恩格斯分别所写的两个序言编译在内。1962年，人民出版社据此出版了《路易·波拿巴的雾月十八日》一书，把1954年出版的《马克思恩格斯文选》中马克思、恩格斯的两篇序言其纳入此书中。③

1958年，中国青年出版社编辑出版的《马克思恩格斯列宁斯大林著作介绍》中介绍了《雾月十八日》历史背景、主要内容以及学习意义。编者认为："这是《法兰西阶级斗争》一书的续篇，不仅科学总结了一八四八年法国革命历史经验，而且在科学社会主义理论方面作出了

---

① 《马克思恩格斯文选》第1卷，北京：人民出版社1954年版，第219—321页。
② 《马克思恩格斯全集》第8卷，北京：人民出版社1961年版，第XIII页。
③ 《路易·波拿巴的雾月十八日》，北京：人民出版社1962年版。

关于打碎旧国家机器的新结论，论述了工农联盟等重要原理。"① 编者强调《雾月十八日》在马克思主义发展史上的重要地位，对于全世界无产阶级革命实践的指导意义，视其为分析历史事件并从理论上加以概括的天才著作，是科学社会主义的一篇重要著作。

《马克思恩格斯选集》第1—4卷是中央编译局根据《马克思恩格斯全集》中文版选编，收录了马克思和恩格斯在各个时期的重要著作110篇，书信96封，共180万字。《马克思恩格斯选集》最早是重印苏联出版的谢唯真校订的《马克思恩格斯文选》两卷集，中央编译局编译的第一版四卷本《马克思恩格斯选集》是1966年6月出版的。当时文化大革命刚刚爆发，没有好好发行。1971年，在全国出版工作座谈会上，周恩来总理指示要出版马克思恩格斯和列宁的两部选集。中央编译局遵照周总理的指示，于1972年将编校后的《马克思恩格斯选集》第1—4卷交人民出版社出版，因1966年的版本基本没有发行，故这部《马克思恩格斯选集》就作为第一版第二次印刷。编者认为："在这部著作里，马克思运用唯物史观，特别是阶级和阶级斗争的理论，深刻地分析了一八四八年法国革命的几个阶段，科学地阐明了路易·波拿巴政变的原因、实质及其结局，进一步发展了马克思主义国家学说和工农联盟的原理，第一次提出了关于胜利的无产阶级必须打碎资产阶级国家机器的结论。"②

改革开放新时期，中央编译局根据党中央要求适应新时期马克思主义中国化的需要，为深入学习和研究马克思主义理论提供译文更准确、资料更翔实的马恩原著，决定编译一部中国版的《马克思恩格斯全集》，即《全集》第二版（即MECA版，又称国际版）。这个历史考证版收集的马克思恩格斯著作完全是他们的原始文字，主要是德文，也有

---

① 《马克思恩格斯列宁斯大林著作介绍》，北京：中国青年出版社1958年版，第85页。
② 《〈马克思恩格斯选集〉简要介绍》，沈阳：辽宁人民出版社1974年版，第94页。

英文、法文、意大利文、西班牙文等①。中央编译局完全按照马克思恩格斯的原文翻译。《马克思恩格斯全集》（第11卷）收入马克思和恩格斯在1851年8月至1853年3月所写的政治论著、时事评论、声明和文件，包括《雾月十八日》。②在该版中，编者添加了《雾月十八日》1852年版本中部分内容的注释。1995年，在纪念恩格斯逝世一百周年之际，中央编译局又重编出版了《马克思恩格斯选集》四卷本的第二版，也就是拨改革开放以后的新版本。新版《马克思恩格斯选集》第1—4卷，是中央编译局在原版基础上，根据《马克思恩格斯全集》俄文版和德文版的新版本译校而成，内容有一些调整。新版《马克思恩格斯选集》第1卷1843—1859年的著作，包括《雾月十八日》。③相比于《马克思恩格斯全集》第二版所收录的《雾月十八日》，《马克思恩格斯选集》第二版增添了马克思所撰写的《1869年第二版序言》和恩格斯所写的《1885年第二版的序言》。

2001年，中央编译局编译出版了《雾月十八日》的单行本，④又根据党中央实施马克思主义理论研究和建设工程规划的新要求，着手编辑了10卷本的《马克思恩格斯文集》，其中第2卷收录了《雾月十八日》一书，这是《雾月十八日》最新的版本。

（本文来自2013年中央编译出版社出版的白云真所著《马克思〈路易·波拿巴的雾月十八日〉研究读本》有关内容。）

---

① 中央编译局研究员张奇方先生在审读文稿时指出了添加意大利文、西班牙文的批注，深表谢意。
② 《马克思恩格斯全集》第11卷，北京：人民出版社1995年版。
③ 《马克思恩格斯选集》第1卷，北京：人民出版社1995年版。
④ 〔德〕马克思：《路易·波拿巴的雾月十八日》，中央编译局译，北京：人民出版社2001年版。

Die Revolution,

Eine Zeitschrift in zwanglosen Heften.

Herausgegeben von

J. Weydemeyer.

Erstes Heft.

Der 18te Brumaire des Louis Napoleon

von

Karl Marx.

New-York.

Expedition: Deutsche Vereins-Buchhandlung von Schmidt und Helmich.
William-Street Nr. 191.
1852.

☞ Briefe, welche die Expedition angehen, bitte ich zwar an meinen Namen, aber mit dem besondern Zusatze „Expedition der Revolution" ꝛc. zu adressiren, damit das Nöthige auch in meiner Abwesenheit besorgt werden kann.

J. Weydemeyer.

Druck von Angell, Engel u. Hewitt,
Spruce-Street Nr. 1, N. Y.

Vorwort.

Die von mir redigirte Wochenschrift, „die Revolution," hat nur zwei Ausgaben erlebt. Mangel an Kapital — da die Aktienzeichnung nicht die erwarteten Früchte trug — zwang mich, das Unternehmen in dieser Form einstweilen wieder aufzugeben. Ich hoffe, mich zur Wiederaufnahme desselben bald in den Stand gesetzt zu sehen. Bis dahin aber werde ich das für die „Revolution" bestimmte Material in zwanglosen Heften zusammenfassen, von denen ich das erste hiermit dem Publikum übergebe. Von der Schnelligkeit des Absatzes desselben wird die Dauer des Zwischenraumes bis zum Erscheinen der folgenden abhängen. Für das zweite Heft liegt das Material schon theilweise bereit; es ist natürlich solches, das eben so wenig wie der im Folgenden mitgetheilte „18te Brumaire des Louis Napoleon von Karl Marx" ein nur augenblickliches Interesse hat, welches durch die Verschiebung der Herausgabe verloren gehen würde.

In der "New-York Daily Tribune" hat Karl Marx unter dem Titel "Revolution and Contrerevolution" eine Reihe von Artikeln veröffentlicht, in denen er ein Bild von der revolutionären Entwickelung und jetzigen Lage Deutschlands entwirft. In ähnlicher Weise zeichnet er im „18ten Brumaire" die Lage Frankreichs. Je wichtiger und entscheidender die Rolle, welche Frankreich in den europäischen Revolutionen zugefallen ist, desto wichtiger ist eine richtige Schilderung seiner Verhältnisse. Nur durch diese kann den herzzerreißenden Jeremiaden, mit denen die durch den 2. Dezember 1851 in ihren Erwartungen getäuschten Führer der kleinbürgerlichen Demokratie sich ohne Aufhören vor dem Auslande prostituiren, der Boden entzogen werden. Frankreich ist und bleibt das Land der revolutionären Thatkraft, und so sehr Deutschland ihm an intellektueller und theoretischer Entwickelung den Vorrang abgewonnen hat, der Schwerpunkt der revolutionären Entwickelung.

Ein literarischer Wegelagerer, ein gewisser Herr Tellering, „Referendarius von Berlin und Wien," wie er sich neulich marktschreierisch annoncirte, früherer Wiener Korrespondent der von Karl Marx in Köln herausgegebenen „Neuen Rheinischen Zeitung," hat neulich die komische Unverschämtheit gehabt, die von Karl Marx in der "Tribune" veröffentlichten Artikel für Plagiat seiner früheren Briefe zu erklären. Nachdem er mit seinem Schimpfpamphlet vergeblich bei allen deutschen Zeitungen New-Yorks herumhausirt, hat er endlich bei Hrn. Karl Heinzen den gewünschten Zutritt erhalten. Daß Karl Marx sowohl durch die Originalität seiner Ansichten, das Resultat tiefer und umfassender Studien, als die Klassizität seiner Sprache dem großen Haufen der politischen Literaten weit voran steht, wird ihm selbst von seinen Gegnern nicht bestritten. Ich würde es daher sowohl unter seiner als unter meiner Würde halten, auf jene Erklärung auch nur mit einer Silbe zu erwidern. Daß es mir aber in diesen Blättern an Raum fehlt, die Thätigkeit des Herrn Heinzen, der, wie Fallstaff das Schlachtfeld, das Feld der prinzipiellen Debatte ängstlich vermeidet, wenn er mit seinen gewohnten Rodomontaden und bramabarsirendem Gepolter den Gegner nicht niederzuwerfen vermag, und tapfer fortfährt, über Dinge zu schimpfen, die in sein beschränktes Gehirn nicht hineinpassen wollen — die Thätigkeit dieses großmäuligsten aller Journalisten etwas näher zu beleuchten, das bedaure ich recht herzlich. Ich werde mir diese Arbeit indessen für das nächste Heft vorbehalten. Herr Heinzen mißt mit seinem Maßstab die großen Männer seiner eignen Partei; der Journalist einer Partei aber gibt selbst wieder stets einen trefflichen Maßstab für diese Partei ab.

New-York, den 1. Mai 1852.

J. Weydemeyer.

Der achtzehnte Brumaire des Louis Bonaparte

von

Karl Marx.

I.

Hegel bemerkt irgendwo, daß alle großen weltgeschichtlichen Thatsachen und Personen sich so zu sagen zweimal ereignen. Er hat vergessen hinzuzufügen: das eine Mal als große Tragödie, das andre Mal als lumpige Farce. Caussidière für Danton, Louis Blanc für Robespierre, die Montagne von 1848–51 für die Montagne von 1793–95, und der Londoner Konstabler mit dem ersten besten Dutzend Schulden beladener Lieutenants für den kleinen Korporal mit seiner Tafelrunde von Marschällen! Der achtzehnte Brumaire des Idioten für den achtzehnten Brumaire des Genies! Und dieselbe Karrikatur in den Umständen, unter denen die zweite Auflage des achtzehnten Brumaire herausgegeben wird. Das erste Mal Frankreich am Rande des Bankerots, diesmal Bonaparte selbst am Rande des Schuldthurms; damals die Koalition der großen Mächte an den Grenzen, — diesmal die Koalition von Ruge-Daras in England, von Kinkel-Brentano in Amerika; damals ein St. Bernhard zu übersteigen, diesmal eine Kompagnie Gensdarmen über den Jura zu schicken; damals mehr als ein Marengo zu gewinnen, diesmal das Großkreuz des St. Andre-Ordens zu verdienen und die Achtung der „Berliner National-Zeitung" zu verlieren.

Die Menschen machen ihre eigene Geschichte, aber sie machen sie nicht aus freien Stücken unter selbstgewählten, sondern unter unmittelbar vorhandenen, gegebenen und überlieferten Umständen. Die Tradition aller todten Geschlechter lastet wie ein Alp auf dem Gehirne der Lebenden. Und wenn sie eben damit beschäftigt scheinen, sich und die Dinge umzuwälzen, noch nicht Dagewesenes zu schaffen, gerade in solchen Epochen revolutionärer Krise beschwören sie ängstlich die Geister der Vergangenheit zu ihrem Dienste herauf, entlehnen ihnen Namen, Schlachtparole, Kostüme, um in dieser altehrwürdigen Verkleidung und mit dieser erborgten Sprache die neue Weltgeschichtsszene aufzuführen. So maskirte sich Luther als Apostel Paulus, die Revolution von 1789–1814 drappirte sich abwechselnd als römische Republik und als römisches Kaiserthum, und die Revolution von 1848 wußte nichts Besseres zu thun, als bier 1789, dort die revolutionäre Ueberlieferung von 1793–95 zu parodiren. So übersetzt der Anfänger, der eine neue Sprache erlernt hat, sie immer zurück in seine Muttersprache, aber den Geist der neuen Sprache hat er sich nur angeeignet und frei in ihr zu produziren vermag er nur, sobald er sich ohne Rückerinnerung in ihr bewegt und die ihm angestammte Sprache in ihr vergißt.

Bei Betrachtung jener weltgeschichtlichen Todtenbeschwörungen zeigt sich sofort ein springender Unterschied. Camille Desmoulins, Danton, Robespierre, St. Just, Napoleon, die Heroen wie die Parteien und die Masse der alten französischen Revolution vollbrachten in dem römischen Kostüme und mit römischen Phrasen die

Aufgabe ihrer Zeit, die Entfesselung und Herstellung der modernen bürgerlichen Gesellschaft. Die Einen schlugen den feudalen Boden in Stücke und mähten die feudalen Köpfe ab, die darauf gewachsen waren. Der Andre schuf im Innern von Frankreich die Bedingungen, in denen erst die freie Konkurrenz entwickelt, das parzellirte Grundeigenthum ausgebeutet, die entfesselte industrielle Produktivkraft der Nation verwandt werden konnte, und jenseits der französischen Grenzen fegte er überall die feudalen Gestaltungen weg, so weit es nöthig war, um der bürgerlichen Gesellschaft in Frankreich eine entsprechende, zeitgemäße Umgebung auf dem europäischen Kontinent zu verschaffen. Die neue Gesellschaftsformation einmal hergestellt, verschwanden die vorsündfluthlichen Kolosse und mit ihnen das wieder auferstandene Römerthum — die Brutusse, Grachusse, Publicola's, die Tribunen, die Senatoren und Cäsar selbst. Die bürgerliche Gesellschaft in ihrer nüchternen Wirklichkeit hatte sich ihre wahren Dollmetscher und Sprachführer erzeugt in den Say's, Cousin's, Royer-Collard's, Benjamin Constant's und Guizot's, ihre wirklichen Heerführer saßen hinter dem Comptoirtisch und der Speckkopf Ludwig XVIII. war ihr politisches Haupt. Ganz absorbirt in die Produktion des Reichthums und in den friedlichen Kampf der Konkurrenz begriff sie nicht mehr, daß die Gespenster der Römerzeit ihre Wiege gehütet hatten. Aber unheroisch, wie die bürgerliche Gesellschaft ist, hatte es jedoch des Heroismus bedurft, der Aufopferung, des Schreckens, des Bürgerkriegs und der Völkerschlachten, um sie auf die Welt zu setzen. Und ihre Gladiatoren fanden in den klassisch strengen Ueberlieferungen der römischen Republik die Ideale und die Kunstformen, die Selbsttäuschungen, deren sie bedurften, um den bürgerlich beschränkten Inhalt ihrer Kämpfe sich selbst zu verbergen und ihre Leidenschaft auf der Höhe der großen geschichtlichen Tragödie zu erhalten. So hatten auf einer andern Entwickelungsstufe, ein Jahrhundert früher, Cromwell und das englische Volk dem alten Testamente Sprache, Leidenschaften und Illusionen für ihre bürgerliche Revolution entlehnt. Als das wirkliche Ziel erreicht, als die bürgerliche Umgestaltung der englischen Gesellschaft vollbracht war, verdrängte Loke den Habakuk.

Die Todtenerweckung in jenen Revolutionen diente also dazu, die neuen Kämpfe zu verherrlichen, nicht die alten zu parodiren, die gegebene Aufgabe in der Phantasie zu übertreiben, nicht vor ihrer Lösung in der Wirklichkeit zurückzuflüchten, den Geist der Revolution wieder zu finden, nicht ihr Gespenst wieder umgehen zu machen.

1848–1851 ging nur das Gespenst der alten Revolution um, von Marrast dem Républicain en gants jaunes, der sich in den alten Bailly verkleidete, bis auf den Abentheurer, der seine trivial-widrigen Züge unter der eisernen Todtenlarve Napoleons versteckt. Ein ganzes Volk, das sich durch eine Revolution eine beschleunigte Bewegungskraft gegeben zu haben glaubt, findet sich plötzlich in eine verstorbene Epoche zurückversetzt, und damit keine Täuschung über den Rückfall möglich ist, stehn die alten Data wieder auf, die alte Zeitrechnung, die alten Namen, die alten Edikte, die längst der antiquarischen Gelehrsamkeit verfallen, und die alten Schergen, die längst verfault schienen. Die Nation kömmt sich vor, wie jener närrische Engländer in Bedlam, der zur Zeit der alten Pharaonen zu leben meint und täglich über die harten Dienste jammert, die er in den äthiopischen Bergwerken als Goldgräber verrichten muß, eingemauert in dies unterirdische Gefängniß, eine spärlich leuchtende Lampe auf dem eigenen Kopfe befestigt, hinter ihm der Sklavenaufseher mit langer Peitsche und an den Ausgängen ein Gewirr von barbarischen Kriegsknechten, die weder die Zwangsarbeiter in den Bergwerken, noch sich unter einander verstehen, weil sie keine gemeinsame Sprache reden. „Und dies Alles wird mir," — seufzt der närrische Engländer — „mir dem freigebornen Britten zugemuthet, um Gold für die alten Pharaonen zu machen." „Um die Schulden der Familie Bonaparte zu zahlen," — seufzt die französische Nation. Der Engländer, so lange er bei Verstande war, konnte die fixe Idee des Goldmachens nicht los werden. Die Franzosen, so lange sie revolutionirten, nicht die napoleonische Erinnerung, wie die Wahl vom 10. Dezember bewies. Sie sehnten sich aus den Gefahren der Revolution zurück nach den Fleischtöpfen Aegyptens, und der 2. Dezember 1851 war die Antwort. Sie haben nicht nur die Karrikatur des alten Napoleon, sie haben den alten Napoleon selbst karrifirt, wie er sich ausnehmen muß in der Mitte des neunzehnten Jahrhunderts.

Die soziale Revolution des neunzehnten Jahrhunderts kann ihre Poesie nicht aus der Vergangenheit schöpfen, sondern nur aus der Zukunft. Sie kann nicht mit sich selbst beginnen, bevor sie allen Aberglauben an die Vergangenheit abgestreift hat. Die früheren Revolutionen bedurften der weltgeschichtlichen Rückerinnerungen, um sich über ihren eigenen Inhalt zu betäuben. Die Revolution des neunzehnten Jahrhunderts muß die Todten ihre Todten begraben lassen, um bei ihrem eignen Inhalt anzukommen. Dort ging die Phrase über den Inhalt, hier geht der Inhalt über die Phrase hinaus.

Die Februar-Revolution war eine Ueberrumpelung, eine Ueberraschung der alten Gesellschaft, und das Volk proklamirte diesen unverhofften Handstreich als eine weltgeschichtliche That, womit die neue Epoche eröffnet sei. Am 2. Dezember wird die Februar-Revolution eskamotirt durch die Volte eines falschen Spielers, und was umgeworfen scheint, ist nicht mehr die Monarchie, es sind die liberalen Konzessionen, die ihr durch Jahrhundert lange Kämpfe abgetrotzt waren. Statt daß die Gesellschaft selbst sich einen neuen Inhalt erobert hätte, scheint nur der Staat in seiner ältesten Form zurückgekehrt, zur unverschämt einfachen Herrschaft von Säbel und von Kutte. So antwortet auf den coup de main vom Februar 1848 der coup de tête vom Dezember 1851. Wie gewonnen, so zerronnen. Unterdessen ist die Zwischenzeit nicht unbenutzt vorübergegangen. Die französische Gesellschaft hat während der Jahre 1848–1851 die Studien und Erfahrungen nachgeholt, und zwar in einer abkürzenden viel revolutionärern Methode, die bei regelmäßiger, so zu sagen schulgerechter Entwickelung der Februar-Revolution hätten vorhergehen müssen, sollte sie mehr als eine Erschütterung der Oberfläche sein. Die Gesellschaft scheint jetzt hinter ihren Ausgangspunkt zurückgetreten; in Wahrheit hatte sie sich erst den revolutionären Ausgangspunkt zu schaffen, die Situation, die Verhältnisse, die Bedingungen, unter denen allein die moderne Revolution ernsthaft wird.

Bürgerliche Revolutionen, wie die des achtzehnten Jahrhunderts, stürmen rascher von Erfolg zu Erfolg, ihre dramatischen Effekte überbieten sich, Menschen und Dinge scheinen in Feuerbrillanten gefaßt, die Ekstase ist der Geist jedes Tages; aber sie sind kurzlebig, bald haben sie ihren Höhepunkt erreicht und ein langer Katzenjammer erfaßt die Gesellschaft, ehe sie die Resultate ihrer Drang- und Sturmperiode nüchtern sich anzueignen lernt. Proletarische Revolutionen dagegen, wie die des neunzehnten Jahrhunderts, kritisiren beständig sich selbst, unterbrechen sich fortwährend in ihrem eignen Lauf, kommen auf das scheinbar Vollbrachte zurück, um es wieder von Neuem anzufangen, verhöhnen grausam-gründlich die Halbheiten, Schwächen und Erbärmlichkeiten ihrer ersten Versuche, scheinen ihren Gegner nur niederzuwerfen, damit er neue Kräfte aus der Erde sauge und sich riesenhaft ihnen gegenüber wieder aufrichte, schrecken stets von Neuem zurück vor der unbestimmten Ungeheuerlichkeit ihrer eignen Zwecke, bis die Situation geschaffen ist, die jede Umkehr unmöglich macht, und die Verhältnisse selbst rufen:

Hic Rhodus, hic salta!
Hier ist die Rose, hier tanze!

Jeder erträgliche Beobachter übrigens, selbst wenn er nicht Schritt vor Schritt dem Gang der französischen Entwicklung gefolgt war, mußte ahnen, daß die Revolution eine unerhörte Blamage bevorstehe. Es genügte das selbstgefällige Siegesgeklässe zu hören, womit die Herren Demokraten sich wechselweis zu den Gnadenwirkungen des 2. Mai 1852 beglückwünschten. Der 2. Mai 1852 war in ihren Köpfen zur firen Idee geworden, zum Dogma, wie der Tag, an dem Christus wiedererscheinen und das tausendjährige Reich beginnen sollte, in den Köpfen der Chi-

Kasten. Die Schwäche hatte sich wie immer in den Wunderglauben gerettet, glaubte den Feind überwunden, wenn sie ihn in der Phantasie weghexte, und verlor alles Verständniß der Gegenwart über der thatlosen Verhimmelung der Zukunft, die ihr bevorstehe, und der Thaten, die sie in petto habe, aber nur noch nicht an den Mann bringen wolle. Jene Helden, die ihre bewiesene Unfähigkeit dadurch zu widerlegen suchen, daß sie sich wechselseitig ihr Mitleiden schenken und sich zu einem Haufen zusammenthun, hatten ihre Bündel geschnürt, strichen ihre Lorbeerkrone auf Vorschuß ein und waren eben damit beschäftigt, auf dem Wechselmarkt die Republiken in partibus diskontiren zu lassen, für die sie bereits in aller Stille ihres anspruchslosen Gemüths das Regierungspersonal vorsorglich organisirt hatten. Der 2. Dezember traf sie wie ein Blitzstrahl aus heiterm Himmel, und die Völker, die in Epochen kleinmüthiger Verstimmung sich gern ihre innere Angst von den lautesten Schreiern übertäuben lassen, werden sich vielleicht überzeugt halten, daß die Zeiten vorüber sind, wo das Geschnatter von Gänsen das Kapitol retten konnte.

Die Konstitution, die Nationalversammlung, die dynastischen Partheien, die blauen und die rothen Republikaner, die Helden von Afrika, der Donner der Tribüne, das Wetterleuchten der Tagespresse, die gesammte Literatur, die politischen Namen und die geistigen Renomméen, das bürgerliche Gesetz und das peinliche Recht, die liberté, egalité, fraternité und der 2. Mai 1852 — Alles ist verschwunden, wie eine Phantasmagorie vor der Bannformel eines Mannes, den seine Feinde selbst für keinen Hexenmeister ausgeben. Das allgemeine Wahlrecht scheint nur einen Augenblick überlebt zu haben, damit es eigenhändig vor den Augen aller Welt sein Testament mache und im Namen des Volkes selbst erkläre: Alles was besteht, ist werth, daß es zu Grunde geht.

Es genügt nicht zu sagen, wie die Franzosen thun, daß ihre Nation überrascht worden sei. Einer Nation und einer Frau wird die unbewachte Stunde nicht verziehen, worin der erste beste Abentheurer ihnen Gewalt anthun und sie sich aneignen konnte. Das Räthsel wird durch dergleichen Wendungen nicht gelöst, sondern nur anders formulirt. Es bliebe zu erklären, wie eine Nation von 36 Millionen durch drei vulgaire Industrieritter überrascht und widerstandslos in die Gefangenschaft abgeführt werden kann.

Recapituliren wir in allgemeinen Zügen die Phasen, die die französische Revolution vom 24. Februar 1848 bis zum Dezember 1851 durchlaufen hat.

Drei Hauptperioden sind unverkennbar: die Februarperiode, 4. Mai 1848 bis zum 29. Mai 1849, Periode der Konstituirung der Republik oder der konstituirenden Nationalversammlung, 29. Mai 1849 bis zum 2. Dezember 1851, Periode der konstitutionellen Republik oder der legislativen Nationalversammlung.

Die erste Periode vom 24. Februar oder dem Sturze Louis Philipp's bis zum 4. Mai 1848, dem Zusammentritt der konstituirenden Versammlung, die eigentliche Februarperiode, kann als der Prolog der Revolution bezeichnet werden. Ihr Charakter sprach sich offiziell darin aus, daß die von ihr improvisirte Regierung sich selbst für provisorisch erklärte, und wie die Regierung gab Alles, was in dieser Periode angeregt, versucht, ausgesprochen wurde, sich für nur provisorisch aus. Niemand und Nichts wagte das Recht des Bestehens und der wirklichen That für sich in Anspruch zu nehmen. Alle Elemente, die die Revolution vorbereitet oder bestimmt hatten, dynastische Opposition, republikanische Bourgeoisie, demokratisch-republikanisches Kleinbürgerthum, sozial-demokratisches Arbeiterthum fanden provisorisch ihren Platz in der Februar-Regierung.

Es konnte nicht anders sein. Die Februartage bezweckten ursprünglich eine Wahlreform, wodurch der Kreis der politisch Privilegirten unter der besitzenden Klasse selbst erweitert und die ausschließliche Herrschaft der Finanzaristokratie gestürzt werden sollte. Als es aber zum wirklichen Konflikt kam, das Volk auf die Barrikaden stieg, die Nationalgarde sich passiv verhielt, die Armee keinen ernstlichen Widerstand leistete und das Königthum davonlief, schien sich die Republik von selbst zu verstehen. Jede Partei deutete sie in ihrem Sinn. Von dem Proletariat, die Waffen in der Hand erobert, prägte es ihr seinen Stempel auf und proklamirte sie als soziale Republik. So wurde der allgemeine Inhalt der modernen Revolution angedeutet, der, wie es im Prologe des Drama's nicht anders sein kann, in sonderbarstem Widerspruche stand zu Allem, was mit dem vorliegenden Material, mit der erreichten Bildungsstufe der Masse, unter den gegebenen Umständen und Verhältnissen zunächst unmittelbar in's Werk gesetzt werden konnte. Andererseits wurde der Anspruch aller übrigen Elemente, die zur Februarrevolution mitgewirkt hatten, anerkannt in dem Löwenantheil, den sie an der Regierung erhielten. In keiner Periode finden wir daher ein bunteres Gemisch von überfliegenden Phrasen und thatsächlicher Unsicherheit und Unbeholfenheit, von enthusiastischerem Neuerungsstreben und von gründlicherer Herrschaft der alten Routine, von mehr scheinbarer Harmonie der ganzen Gesellschaft und von tieferer Entfremdung der Elemente, woraus sie besteht. Während das Pariser Proletariat noch in dem Anblick der großen Perspektive, die sich ihm eröffnet hatte, schwelgte und sich in ernstgemeinte Diskussionen über die sozialen Probleme erging, hatten sich die alten Mächte der Gesellschaft gruppirt, gesammelt, besonnen und fanden eine unerwartete Stütze an der Masse der Nation, den Bauern und Kleinbürgern, die alle auf einmal auf die politische Bühne stürzten, nachdem die Barrieren der Julimonarchie gefallen waren.

Die zweite Periode vom 4. Mai 1848 bis Ende Mai 1849 ist die Periode der Konstituirung, der Begründung der bürgerlichen Republik. Unmittelbar nach den Februartagen war nicht nur die dynastische Opposition überrascht worden durch die Republikaner, die Republikaner durch die Sozialisten, sondern ganz Frankreich durch Paris. Die Nationalversammlung die am 4. Mai 1848 zusammentrat, aus den Wahlen der ganzen Nation hervorgegangen, repräsentirte die ganze Nation. Sie war ein lebendiger Protest gegen die Zumuthungen der Februartage und sollte die Resultate der Revolution auf den bürgerlichen Maßstab zurückführen. Vergebens versuchte das Pariser Proletariat, das den Charakter dieser Nationalversammlung sofort begriff, wenige Tage nach ihrem Zusammentritt, am 15. Mai, ihre Existenz gewaltsam wegzuläugnen, sie aufzulösen, die organische Gestalt, worin der reagirende Geist der Nation es bedrohte, wieder in ihre einzelnen Bestandtheile zu zerstreuen. Der 15. Mai hatte bekanntlich kein anderes Resultat, als Blanqui und Genossen, d. h. die wirklichen Führer der proletarischen Partei, die revolutionären Kommunisten, für die ganze Dauer des Cyklus, den wir betrachten, vom öffentlichen Schauplatz zu entfernen.

Auf die bürgerliche Monarchie Louis Philippe's kann nur die bürgerliche Republik folgen, d. h. wenn unter dem Namen des Königs ein beschränkter Theil der Bourgeoisie geherrscht hat, so wird jetzt im Namen des Volks die Gesammtheit der Bourgeoisie herrschen. Die Forderungen des Pariser Proletariats sind utopistische Flausen, womit geendet werden muß. Auf diese Erklärung der konstituirenden Nationalversammlung antwortete das Pariser Proletariat mit der Juni-Insurrektion, dem kolossalsten Ereigniß in der Geschichte der europäischen Bürgerkriege. Die bürgerliche Republik siegte. Auf ihrer Seite stand die Finanzaristokratie, die industrielle Bourgeoisie, der Mittelstand, die Kleinbürger, die Armee, das als Mobilgarde organisirte Lumpenproletariat, die geistlichen Kapazitäten, die Pfaffen und die Landbevölkerung. Auf der Seite des Pariser Proletariats stand Niemand als es selbst. Ueber 3000 Insurgenten wurden niedergemetzelt nach dem Siege, 15000 ohne Urtheil transportirt. Mit dieser Niederlage tritt das Proletariat in den Hintergrund der revolutionären Bühne. Es versucht sich jedesmal wieder vorzudrängen, sobald die Bewegung einen neuen Anlauf zu nehmen scheint, aber mit immer schwächerem Kraftaufwand und stets geringerem Resultat. Sobald eine der höher über ihm liegenden Gesellschaftsschichten in revolutionäre Gährung geräth, geht es eine Verbindung mit ihr ein und theilt so alle Niederlagen, die die verschiedenen Parteien nach einander erleiden. Aber diese nachträglichen Schläge schwächen sich immer mehr ab, je mehr sie sich auf die ganze

Oberfläche der Gesellschaft vertheilen. Seine bedeutenderen Führer in der Versammlung und in der Presse fallen der Reihe nach den Gerichten als Opfer und immer zweideutigere Figuren treten an seine Spitze. Zum Theil wirft es sich auf doktrinäre Experimente, in Tauschbanken und Arbeiter=Associationen, also in eine Bewegung, worin es darauf verzichtet, die alte Welt mit ihren eigenen großen Gesammtmitteln umzuwälzen, vielmehr hinter dem Rücken der Gesellschaft, auf Privatweise, innerhalb seiner beschränkten Existenzbedingungen seine Erlösung zu vollbringen sucht, also nothwendig scheitert. Es scheint weder in sich selbst die revolutionäre Größe wiederfinden, noch aus den neu eingegangenen Verbindungen neue Energie gewinnen zu können, bis die Klassen, womit es im Juni gekämpft, neben ihm selbst platt darniederliegen. Aber wenigstens erliegt es mit den Ehren des großen weltgeschichtlichen Kampfes; nicht nur Frankreich, ganz Europa zittert vor dem Junierdbeben, während die nachfolgenden Niederlagen der höhern Klassen so wohlfeil erkauft werden, daß sie der frechen Uebertreibung von Seiten der siegenden Partei bedürfen, um überhaupt als Ereignisse passiren zu können, und um so schmachvoller werden, je weiter die unterliegende Partei von der proletarischen entfernt ist.

Die Niederlage der Juniinsurgenten hatte nun allerdings das Terrain vorbereitet, geebnet, worauf die bürgerliche Republik begründet, aufgeführt werden konnte; aber sie hatte zugleich gezeigt, daß es sich in Europa um andre Fragen handelt, als „um Republik oder Monarchie." Sie hatte offenbart, daß bürgerliche Republik hier die uneingeschränkte Gesammtdespotie einer Klasse über andre Klassen bedeute. Sie hatte bewiesen, daß in altzivilisirten Ländern mit entwickelter Klassenbildung, mit modernen Produktionsbedingungen und mit einem geistigen Bewußtsein, worin alle überlieferten Ideen durch Jahrhunderte lange Arbeit aufgelöst sind, die Republik überhaupt nur die revolutionäre Zerstörungsform der bürgerlichen Gesellschaft bedeutet und nicht ihre konservative Entwicklungsform, wie z. B. in den Vereinigten Staaten von Nordamerika, wo zwar schon Klassen bestehen, aber sich noch nicht fixirt haben, sondern in beständigem Flusse fortwährend ihre Bestandtheile wechseln und an einander abtreten, wo die modernen Produktionsmittel, statt mit einer stagnanten Uebervölkerung zusammenfallen, vielmehr den relativen Mangel an Köpfen und Händen ersetzen, und wo endlich die fieberhaft jugendliche Bewegung der materiellen Produktion, die eine neue Welt sich anzueignen hat, weder Zeit noch Gelegenheit ließ, die alte Geisterwelt abzuschaffen.

Alle Klassen und Parteien hatten sich während der Junitage zur Partei der Ordnung vereint gegenüber der proletarischen Klasse, als der Partei der Anarchie, des Sozialismus, des Kommunismus. Sie hatten die Gesellschaft „gerettet" gegen „die Feinde der Gesellschaft." Sie hatten die Stichworte der alten Gesellschaft, „Eigenthum, Familie, Religion, Ordnung," als Parole unter ihr Heer ausgetheilt und der konterrevolutionären Kreuzfahrt zugerufen: „Unter diesem Zeichen wirst du siegen!" Von diesem Augenblick, sobald eine der zahlreichen Parteien, die sich unter diesem Zeichen gegen die Juniinsurgenten geschaart hatten, in ihrem eigenen Klasseninteresse den revolutionären Kampfplatz zu behaupten sucht, unterliegt sie vor dem Rufe: „Eigenthum, Familie, Religion, Ordnung." Die Gesellschaft wird eben so oft gerettet, als sich der Kreis ihrer Herrscher verengt, als ein exclusives Interesse dem weiteren gegenüber behauptet wird. Jede Forderung der einfachsten bürgerlichen Finanzreform, des ordinärsten Liberalismus, des formalsten Republikanerthums, der plattesten Demokratie, wird gleichzeitig als „Attentat auf die Gesellschaft" bestraft und als „Sozialismus" gebrandmarkt. Und schließlich werden die Hohenpriester der „Religion und Ordnung" selbst mit Fußtritten von ihren Phythiasstühlen verjagt, bei Nacht und Nebel aus ihren Betten geholt, in Zellenwagen gesteckt, in Kerker geworfen oder in's Exil geschickt, ihr Tempel wird der Erde gleich gemacht, ihr Mund wird versiegelt, ihre Feder zerbrochen, ihr Gesetz zerrissen, im Namen der Religion, des Eigenthums, der Familie, der Ordnung. Ordnungsfanatische Bourgeois auf ihren Balkonen werden von besoffenen Soldatenhaufen zusammengeschossen, ihr Familienheiligthum wird entweiht, ihre Häuser werden zum Zeitvertreib bombardirt — im Namen des Eigenthums, der Familie, der Religion und der Ordnung. Der Auswurf der bürgerlichen Gesellschaft bildet schließlich die **heilige Phalanx der Ordnung** und Held Crapulinsky zieht in die Tuilerien ein als „Retter der Gesellschaft."

II.

Nehmen wir den Faden der Entwickelung wieder auf.

Die Geschichte der konstituirenden Nationalversammlung seit den Junitagen ist die Geschichte der Herrschaft und der Auflösung der republikanischen Bourgeois-Fraktion, jener Fraktion, die man unter dem Namen trikolore Republikaner, reine Republikaner, politische Republikaner, formalistische Republikaner u. s. w. kennt.

Sie hatten unter der bürgerlichen Monarchie Louis Philippe's die **offizielle republikanische Opposition** und daher einen anerkannten Bestandtheil der damaligen politischen Welt gebildet. Sie besaß ihre Vertreter in den Kammern und in der Presse einen bedeutenden Wirkungskreis. Ihr Pariser Organ, der "National," galt in seiner Weise für ebenso respektabel als das "Journal des Débats." Dieser Stellung unter der konstitutionellen Monarchie entsprach ihr Charakter. Es war dies keine durch große gemeinsame Interessen zusammengehaltene und durch eigenthümliche Produktionsbedingungen abgegrenzte Fraktion der Bourgeoisie. Es war eine Koterie von republikanisch gesinnten Bourgeois, Schriftstellern, Advokaten, Offizieren und Beamten, deren Einfluß auf den persönlichen Antipathien des Landes gegen Louis Philippe, auf Erinnerungen an die alte Republik, auf dem republikanischen Glauben einer Anzahl von Schwärmern, vor Allem aber auf dem **französischen Nationalismus** beruhte, dessen Haß gegen die Wiener Verträge und gegen die Allianz mit England sie fortwährend wach hielt. Einen großen Theil des Anhangs, den der "National" unter Louis Philippe besaß, schuldete er diesem versteckten Imperialismus, der ihm daher später unter der Republik als ein vernichtender Konkurrent in der Person Louis Bonaparte's gegenüber treten konnte. Die Finanzaristokratie bekämpfte er, wie die ganze bürgerliche Opposition es that. Die Polemik gegen das Budget, die in Frankreich genau mit der Bekämpfung der Finanzaristokratie zusammenhängt, verschaffte eine zu wohlfeile Popularität und zu reichhaltigen Stoff zu puritanischen leading articles, um nicht ausgebeutet zu werden. Die industrielle Bourgeoisie war ihm dankbar für seine sklavische Vertheidigung des französischen Schutzzollsystems, die er indeß auf mehr nationale als national-ökonomische Gründe hin aufnahm, die Gesammtbourgeoisie für seine gehässigen Denunziationen des Kommunismus und Sozialismus. Im Uebrigen war die Partei des "National" **rein republikanisch**, d. h. sie verlangte eine republikanische statt einer monarchischen Form der Bourgeois-Herrschaft und vor Allem ihren Löwenantheil an dieser Herrschaft. Ueber die Bedingungen dieser Umwandlung war sie sich durchaus nicht klar. Was ihr dagegen sonnenklar war und auf den Reform-Banketten in der letzten Zeit Louis Philippe's öffentlich erklärt wurde, war ihre Unpopularität bei den demokratischen Kleinbürgern und insbesondere bei dem revolutionären Proletariat. Diese reinen Republikaner, wie reine Republikaner denn sind, standen auch schon auf dem Sprunge, sich zunächst mit einer Regentschaft der Herzogin von Orleans zu begnügen, als die Februarrevolution ausbrach und ihren bekanntesten Vertretern einen Platz in der provisorischen Regierung anwies. Sie besaßen natürlich von vornherein das Vertrauen der Bourgeoisie und die Majorität der konstituirenden Nationalversammlung. Aus der Exekutiv-Commission, welche diese Nationalversammlung bei ihrem Zusammentritt bildete, hatte sie sofort die sozialistischen Elemente der provisorischen Regierung ausgeschlossen und die Partei des "National" benützte den Ausbruch der Juniinsurrektion, um auch die Exekutiv-Commission abzudanken und damit ihre nächsten Rivalen, die kleinbürgerlichen oder demokratischen Republikaner (Ledru-Rollin u. s. w.) los zu werden. Cavaignac, der General der bourgeois-republikanischen Partei, der die Junischlacht kommandirte, trat an die Stelle der Exekutiv-Kommission mit einer Art diktatorischer Gewalt. Marrast, ehemaliger Redakteur en chef des "National," wurde der perpetuirliche Präsident der konstituirenden Nationalversammlung und die Ministerien, wie sämmtliche übrigen bedeutenden Posten, fielen den reinen Republikanern anheim.

Die republikanische Bourgeois-Fraktion, die sich seit lange als legitime Erbin der Julimonarchie betrachtet hatte, fand sich so in ihrem Ideal übertroffen, aber sie gelangte zur Herrschaft, nicht wie sie unter Louis Philippe geträumt hatte, durch eine liberale Revolte der Bourgeoisie gegen den Thron, sondern durch eine niederkartätschte Emeute des Proletariats gegen das Kapital. Was sie als das revolutionärste Ereigniß sich vorgestellt hatte, trug sich in der Wirklichkeit zu als das kontrerevolutionärste. Die Frucht fiel ihr in den Schooß, aber sie fiel vom Baum der Erkenntniß, nicht vom Baum des Lebens.

Die ausschließliche Herrschaft der Bourgeois-Republikaner währte nur vom 24. Juni bis zum 10. Dezember 1848. Sie resumirt sich in der Abfassung einer republikanischen Konstitution und im Belagerungszustand von Paris.

Die neue Konstitution war im Grunde nur die republikanisirte Ausgabe der konstitutionellen Charte von 1830. Der enge Wahlcensus der Julimonarchie, der selbst einen großen Theil der Bourgeoisie von der politischen Herrschaft ausschloß, war unvereinbar mit der Existenz der bürgerlichen Republik. Die Februarrevolution hatte sofort an der Stelle dieses Census das direkte allgemeine Wahlrecht proklamirt. Die Bourgeois-Republikaner konnten dieses Ereigniß nicht ungeschehen machen. Sie mußten sich damit begnügen, die beschränkende Bestimmung eines sechsmonatlichen Domizils am Wahlorte hinzuzufügen. Die alte Organisation der Verwaltung, des Gemeindewesens, der Rechtspflege, der Armee u. s. w. blieb unversehrt bestehen, oder wo die Konstitution sie änderte, betraf die Aenderung das Inhaltsregister, nicht den Inhalt, den Namen, nicht die Sache.

Der unvermeidliche Generalstab der Freiheiten von 1848, persönliche Freiheit, Preß-, Rede-, Assoziations-, Versammlungs-, Lehr- und Religions-Freiheit u. s. w., erhielt eine konstitutionelle Uniform, die sie unverwundbar machte. Jede dieser Freiheiten wird nämlich als das unbedingte Recht des französischen Citoyens proklamirt, aber mit der beständigen Randglosse, daß sie schrankenlos seien, so weit sie nicht durch die „gleichen Rechte Anderer und die öffentliche Sicherheit" beschränkt werden, oder durch „Gesetze," die eben diese Harmonie der individuellen Freiheiten unter einander und mit der öffentlichen Sicherheit vermitteln sollen. Z. B.: „die Bürger haben das Recht sich zu assoziren, sich friedlich und unbewaffnet zu versammeln, zu petitioniren und ihre Meinungen durch die Presse oder wie sonst immer auszudrücken. Der Genuß dieser Rechte hat keine andere Schranke, als die gleichen Rechte Andrer und die öffentliche Sicherheit." (Kap. II. der franz. Konstitution, §. 8.) — „Der Unterricht ist frei. Die Freiheit des Unterrichts soll genossen werden unter den vom Gesetze firirten Bedingungen und unter der Oberaufsicht des Staats." (A. a. O. §. 9.) — „Die Wohnung jedes Bürgers ist unverletzlich außer in den vom Gesetz vorgeschriebenen Formen." (Kap. I. §. 3.) u. s. w., u. s. w. — Die Constitution weis't daher beständig auf zukünftige organische Gesetze hin, die jene Randglossen ausführen und den Genuß dieser unbeschränkten Freiheiten so reguliren sollen, daß sie weder unter einander, noch mit der öffentlichen Sicherheit anstoßen. Und später sind diese organischen Gesetze von den Ordnungsfreunden in's Leben gerufen und alle jene Freiheiten so regulirt worden, daß die Bourgeoisie in deren Genuß an den gleichen Rechten der andern Klassen keinen Anstoß findet. Wo sie „den Andern" diese Freiheiten ganz untersagt oder ihren Genuß unter Bedingungen erlaubt, die eben so viele Polizei-Fallstricke sind, geschah dies immer nur im Interesse der „öffentlichen Sicherheit," d. h. der Sicherheit der Bourgeoisie, wie die Konstitution vorschreibt. Beide Seiten berufen sich daher in der Folge mit vollem Recht auf die Konstitution, sowohl die Ordnungsfreunde, die alle jene Freiheiten aufhoben, wie die Demokraten, die sie alle heraus verlangten. Jeder Paragraph der Konstitution enthält nämlich seine eigne Antithese, sein eignes Ober- und Unterhaus in sich, nämlich in der allgemeinen Phrase die Freiheit, in der Randglosse die Aufhebung der Freiheit. So lange also der N a m e der Freiheit respektirt und nur die wirkliche Ausführung derselben verhindert wurde, auf gesetzlichem Wege versteht sich, blieb das konstitutionelle Dasein der Freiheit unversehrt, unangetastet, mochte ihr g e m e i n e s Dasein noch so sehr todtgeschlagen sein.

Diese auf so sinnige Weise unverletzlich gemachte Konstitution war indeß wie Achilles an einem Punkte verwundbar, nicht an der Ferse, aber am Kopfe oder vielmehr an den zwei Köpfen, worin sie sich verliert, — g e s e t z g e b e n d e V e r s a m m l u n g einerseits, P r ä s i d e n t andrerseits. Man durchfliege die Konstitution, und man wird finden, daß die Paragraphen, worin das Verhältniß des Präsidenten zur gesetzgebenden Versammlung bestimmt wird, die einzig absoluten, positiven, widerspruchslosen, undrehbaren sind, die sie enthält. Hier galt es nämlich für die Bourgeois-Republikaner, sich selbst sicher zu stellen. §§. 45-70 der Konstitution sind so abgefaßt, daß die Nationalversammlung den Präsidenten konstitutionel, der Präsident die Nationalversammlung nur infonstitutionel beseitigen kann, nur indem er die Konstitution selbst beseitigt. Hier fordert sie also ihre gewaltsame Vernichtung heraus. Sie heiligt nicht nur wie die Charte von 1830 die Theilung der Gewalten, sie erweitert sie bis zum unerträglichen Widerspruch. Das S p i e l d e r k o n s t i t u t i o n e l l e n G e w a l t e n, wie Guizot den parlamentarischen Krakehl zwischen gesetzgebender und vollziehender Gewalt nannte, spielt in der Konstitution von 1848 beständig va banque. Auf der einen Seite 750 durch allgemeines Stimmrecht gewählte und wieder wählbare Volksrepräsentanten, die eine unkontrollirbare, unauflösbare, untheilbare Nationalversammlung bilden, eine Nationalversammlung, welche gesetzgeberische Allmacht genießt, Krieg, Frieden und Handelsverträge in letzter Instanz entscheidet, allein das Recht der Amnestie besitzt und durch ihre Permanenz unaufhörlich den Vordergrund der Bühne behauptet. Andrerseits der Präsident, mit allen Attributen der königlichen Gewalt, noch dadurch vermehrt, daß er seine Minister unabhängig von der Nationalversammlung ein- und absetzt, mit allen Mitteln der exekutiven Gewalt in seinen Händen, alle Stellen vergebend und d. h. in Frankreich wenigstens über 1½ Millionen Existenzen entscheiden, denn so viel hängen an den 500,000 Beamten und an den Offizieren aller Grade, — die ganze bewaffnete Macht hinter sich, mit dem Privilegium begabt einzelne Verbrecher zu begnadigen, Nationalgarden zu suspendiren, die von den Bürgern ernannten, erwählten General-, Kantonal- und Gemeinderäthe im Einverständniß mit dem Staatsrath abzusetzen, Initiative und Leitung aller Verträge mit dem Ausland ihm vorbehalten, nicht wie die Versammlung beständig auf den Brettern und dem kritisch gemeinen Tageslicht fortwährend ausgesetzt, sondern ein verborgnes Leben führend in den elysäischen Gefilden und mit alledem Artikel 45 der Konstitution vor Augen und im Herzen, der ihm täglich zuruft: "frère, il faut mourir." „Deine Macht hört auf am zweiten Sonntag des schönen Monats Mai im vierten Jahr deiner Wahl! Dann ist die Herrlichkeit am Ende, das Stück spielt nicht zweimal, und wenn du Schulden hast, sehe bei Zeiten zu, daß du sie mit den dir von der Konstitution ausgeworfenen 600,000 Franken abbezahlst, ziehst du nicht etwa vor, am zweiten Montag des schönen Monats Mai nach Clichy zu wandern!" — Wenn die Konstitution so dem Präsidenten alle faktischen Gewalten beilegt, sucht sie der Nationalversammlung die moralische Macht zu sichern. Abgesehen davon, daß es unmöglich ist, durch Gesetzesparagraphen eine moralische Macht zu schaffen, hebt die Konstitution sich hierin wieder selbst auf, indem sie den Präsidenten von allen Franzosen durch direktes Stimmrecht wählen läßt. Während die Stimmen Frankreichs sich auf die 700 Mitglieder der Nationalversammlung zersplittern, konzentriren sie sich dagegen hier auf das eine Individuum. Während jeder einzelne Volksrepräsentant nur diese oder jene Partei, diese oder jene Stadt, diesen oder jenen Brückenkopf oder auch nur die Nothwendigkeit vertritt, einen beliebigen Sieben hundert und fünfzigsten zu wählen, bei dem man sich weder der Sache noch den Mann so genau ansieht, ist Er der Erwählte, der Nation und der Akt seiner Wahl ist der große Trumpf, den das souveräne Volk alle 4 Jahre einmal ausspielt. Die erwählte Nationalversammlung steht in einem metaphysischen, aber der erwählte Präsident in einem persönlichen Verhältniß zur Revolution. Die Nationalversammlung stellt wohl in ihren einzelnen Repräsentanten die mannigfaltigen Seiten des Nationalgeistes dar, aber in dem Präsidenten inkarnirt er sich. Er besitzt ihr gegenüber eine Art von göttlichem Recht, er ist von Volksgnaden.

Thetis, die Meergöttin, hatte dem Achilles prophezeit, daß er in der Blüthe der Jugend sterben werde. Die Konstitution, die ihren faulen Fleck hat, wie Achilles, hatte auch ihre Ahnung, wie Achilles, daß sie eines frühen Todes abgehen müsse. Es genügte den konstituirenden reinen Republikanern, einen Blick aus dem Wolkenhimmel ihrer idealen Republik auf die profane Welt zu werfen, um zu erkennen, wie der Uebermuth der Royalisten, der Bonapartisten, der Demokraten, der Kommunisten und ihr eigner Mißkredit täglich stieg, in demselben Maaße, als sie sich der Vollendung ihres großen gesetzgeberischen Kunstwerks näherte, ohne daß Thetis deshalb das Meer zu verlassen und ihnen das Geheimniß mitzutheilen brauchte. Sie suchten das Verhältniß konstitutionell-pfiffig zu überlisten durch §. 111 der Konstitution, wonach jeder Vorschlag zur Revision der Verfassung in drei successiven Debatten, zwischen denen immer ein ganzer Monat zu liegen hat, von wenigstens ¾ der Stimmen votirt werden muß, vorausgesetzt noch, daß nicht weniger als 500 Mitglieder an der Nationalversammlung Theil nehmen. Sie machten damit nur den ohnmächtigen Versuch, noch als parlamentarische Minorität, als welche sie sich schon prophetisch im Geiste erblickten, eine Macht auszuüben, die in diesem Augenblicke, wo sie über die parlamentarische Majorität verfügten und über alle Mittel der Regierungsgewalt, täglich mehr ihren schwachen Händen entschlüpfte.

Endlich vertraut die Konstitution, in einem melodramatischen Paragraphen, sich selbst „der Wachsamkeit und dem Patriotismus des ganzen französischen Volkes wie jedes einzelnen Franzosen" an, nachdem sie vorher schon in einem andern Paragraphen die „Wachsamen" und „Patriotischen" der zarten, hochnothpeinlichen Aufmerksamkeit des eigens von ihr erfundenen Hochgerichts "haute cour," anvertraut hatte.

Das war die Konstitution von 1848, die am 2. Dezember 1851 nicht von einem Kopfe umgeworfen wurde, sondern vor der Berührung mit einem bloßen Hute umfiel; allerdings war dieser Hut ein dreieckiger Napoleonshut.

Während die Bourgeois-Republikaner in der Versammlung damit beschäftigt waren, diese Konstitution auszuspintisiren, zu diskutiren und zu votiren, hielt Cavaignac außerhalb der Versammlung den Belagerungszustand von Paris aufrecht. Der Belagerungszustand von Paris war der Geburtshelfer der Konstituante bei ihren republikanischen Schöpfungswehen. Wenn die Konstitution später durch Bajonette aus der Welt geschafft wird, so darf man nicht vergessen, daß sie ebenfalls durch Bajonette, und zwar gegen das Volk gekehrte, schon im Mutterleibe beschützt und durch Bajonette auf die Welt gesetzt werden mußte. Die Vorfahren der „honetten Republikaner" hatten ihr Symbol, die Trikolore, die Tour durch Europa machen lassen. Sie ihrerseits machten auch eine Erfindung, die von selbst den Weg über den ganzen Kontinent fand, aber mit immer erneuter Liebe nach Frankreich zurückkehrte, bis sie jetzt in der Hälfte seiner Departements Bürgerrecht erworben hat — den Belagerungszustand. Trefliche Erfindung, periodisch angewandt in jeder nachfolgenden Krise im Laufe der französischen Revolution. Aber Kaserne und Biwak, die man so der französischen Gesellschaft periodisch auf den Kopf legte, um ihr das Hirn zusammenzupressen und sie zum stillen Mann zu machen; Säbel und Muskete, die man periodisch richten und verwalten, bevormunden und censiren, Polizei üben und Nachtwächterdienst verrichten ließ; Schnurbart und Kommißrock, die man periodisch als höchste Weisheit der Gesellschaft und als Rektor der Gesellschaft anposaunte; — mußten Kaserne und Biwak, Säbel und Muskete, Schnurbart und Kommißrock nicht schließlich auf den Einfall kommen, lieber ein für allemal die Gesellschaft zu retten, indem sie ihr eignes régime als das oberste ausriefen und die bürgerliche Gesellschaft ganz von der Sorge befreiten, sich selbst zu regieren? Kaserne und Biwak, Säbel und Muskete, Schnurbart und Kommißrock mußten um so mehr auf diesen Einfall kommen, als sie dann auch beßre baare Zahlung für ihr erhöhtes Verdienst erwarten konnten, während bei dem blos periodischen Belagerungszustand und den vorübergehenden Gesellschaftsrettungen im Geheiß dieser oder jener Bourgeois=Fraktion wenig Solides abfiel außer einigen Todten und Verwundeten und einigen freundlichen Bürgergrimassen. Sollte das Militär nicht endlich auch einmal in seinem eignen Interesse und für sein eignes Interesse Belagerungszustand spielen und zugleich die bürgerlichen Börsen belagern. Man vergesse übrigens nicht, im Vorbeigehn sei es bemerkt, daß Oberst Bernard, derselbe Militärkommissions=Präsident, der unter Cavaignac 15,000 Insurgenten zur Deportation ohne Urtheil verhalf, sich in diesem Augenblick wieder an der Spitze der in Paris thätigen Militärkommissionen bewegt.

Wenn die honetten, die reinen Republikaner mit dem Belagerungszustand in Paris die Pflanzschule anlegten, worin die Prätorianer des 2. Dezember 1851 groß wachsen sollten, verdienen sie dagegen das Lob, daß sie, statt wie unter Louis Philippe das Nationalgefühl zu übertreiben, jetzt, wo sie über die nationale Macht zu gebieten hatten, vielmehr darauf verzichteten und statt Italien für sich zu erobern es von Oesterreichern und Neapolitanern wiedererobern ließen. Louis Bonaparte's Wahl zum Präsidenten am 10. Dezember 1848 machte der Diktatur Cavaignac's und der Konstituante ein Ende.

In §. 44 der Konstitution heißt es: „der Präsident der französischen Republik darf nie seine Eigenschaft als französischer Bürger verloren haben." Der erste Präsident der französischen Republik, L. N. Bonaparte, hatte nicht allein seine Eigenschaft als französischer Bürger verloren, war nicht nur englischer Spezial=Konstabler gewesen, er war sogar ein naturalisirter Schweizer.

Ich habe an einem andern Orte die Bedeutung der Wahl vom 10. Dezember entwickelt. Ich komme hier nicht darauf zurück. Es genügt hier zu bemerken, daß sie eine Reaktion der Bauern, die die Kosten der Februarrevolution hatten zahlen müssen, gegen die übrigen Klassen der Nation, eine Reaktion des Landes gegen die Stadt war. Sie fand großen Anklang in der Armee, der die Republikaner des "National" keinen Ruhm verschafft hatten, noch Zulage, unter den großen Bourgeoisie, die Bonaparte als Brücke zur Monarchie, unter den Proletariern und Kleinbürgern, die ihn als Geißel für Cavaignac begrüßten. Ich werde später Gelegenheit finden, auf das Verhältniß der Bauern zur französischen Revolution näher einzugehen.

Die Epoche vom 20. Dezember 1848 bis zur Auflösung der Konstituante im Mai 1849 umfaßt die Geschichte des Untergangs der Bourgeois=Republikaner. Nachdem sie eine Republik für die Bourgeoisie gegründet, das revolutionäre Proletariat von dem Terrain vertrieben und das demokratische Kleinbürgerthum einstweilen zum Schweigen gebracht haben, werden sie selbst von der Masse der Bourgeoisie bei Seite geschoben, die diese Republik mit Recht als ihr Eigenthum mit Beschlag belegt. Diese große Bourgeoisie war aber royalistisch. Ein Theil derselben, die großen Grundeigenthümer, hatten unter der Restauration geherrscht und war daher legitimistisch. Der andre, die Finanzaristokraten und großen Industriellen hatten unter der Julimonarchie geherrscht und waren daher orleanistisch. Die Großwürdenträger der Armee, der Universität, der Kirche, des Barreau's, der Akademie und der Presse vertheilten sich auf beide Seiten, wenn auch in verschiedener Proportion. Hier in der bürgerlichen Republik, die weder den Namen Bourbon noch den Namen Orléans trug, sondern den Namen Kapital, hatten sie die Staatsform gefunden, worunter sie gemeinsam herrschen konnten. Schon die Juniinsurrektion hatte sie zur „Partei der Ordnung" vereinigt. Jetzt galt es zunächst, die Koterie der Bourgeois-Republikaner zu beseitigen, die noch die Sitze der Nationalversammlung inne hielt. Eben so brutal, wie diese reinen Republikaner dem Volke gegenüber die physische Gewalt geltend gemacht hatten, ebenso feig, kleinlaut, mutlos, gebrochen, kampfunfähig wichen sie jetzt zurück, wo es galt, der exekutiven Gewalt und den Royalisten gegenüber ihr Republikanerthum und ihr gesetzgeberisches Recht zu behaupten. Ich habe hier nicht die schmähliche Geschichte ihrer Auflösung zu erzählen. Es war ein Vergehen, kein Untergehen. Ihre Geschichte hat für immer ausgespielt und in der folgenden Periode figuriren sie, sei es innerhalb, sei es außerhalb der Versammlung, nur noch als Erinnerungen, Erinnerungen, die wieder lebendig zu werden scheinen, sobald es sich wieder um den bloßen Namen Republik handelt und so oft der revolutionäre Konflikt auf das niedrigste Niveau herabzusinken droht. Ich bemerke im Vorbeigehn, daß das Journal, welches dieser Partei ihren Namen gab, der "National," sich in der folgenden Periode zum Sozialismus bekehrt.

Die Periode der Konstituirung oder Begründung der französischen Republik zerfiel also in drei Epochen: 4. Mai bis 24. Juni 1848, Kampf sämmtlicher im Februar vereinigter Klassen und Klassenzubehöre unter Anführung der Bourgeois-Republikaner gegen das Proletariat, furchtbare Niederlage des Proletariats; 25. Juni 1848 bis 10. Dezember 1848, Herrschaft der Bourgeois-Republikaner, Abfassung der Konstitution, Belagerungszustand von Paris, Diktatur Cavaignac's; 20. Dezember 1848 bis Ende Mai 1849, Kampf Bonaparte's und der Ordnungspartei mit der republikanischen Konstituante, Niederlage derselben, Untergang der Bourgeois-Republikaner.

Ehe wir mit dieser Periode abschließen, müssen wir noch einen Rückblick auf die beiden Mächte werfen, von denen die eine die andre am 2. Dezember 1851 vernichtet und die vom 20. Dezember 1848 bis zum Abtritte der Konstituante in ehelichem Verhältnisse lebten. Wir meinen Louis Bonaparte einerseits und die Partei der koalisirten Royalisten, der Ordnung, der großen Bourgeoisie andrerseits. Beim Antritt seiner Präsidentschaft bildete Bonaparte sofort ein Ministerium der Partei der Ordnung, an dessen Spitze er Odilon Barrot stellte, nota bene den alten Führer der liberalsten Fraktion der parlamentarischen Bourgeoisie. Herr Barrot hatte endlich das Ministerium erjagt, dessen Gespenst ihn seit 1830 verfolgte, und noch mehr, die Präsidentschaft in diesem Ministerium; aber nicht, wie er sich unter Louis Philippe eingebildet hatte, als der avancirteste Chef der parlamentarischen Opposition, sondern mit der Aufgabe ein Parlament todt zu machen, und als Verbündeter mit allen seinen Erzfeinden, Jesuiten und Legitimisten. Er führte endlich die Braut heim, aber nachdem sie prostituirt war. Bonaparte selbst ekliptisirte sich scheinbar vollständig. Jene Partei handelte für ihn.

Gleich im ersten Ministerkonseil wurde die Expedition nach Rom beschlossen, die man hinter dem Rücken der Nationalversammlung auszuführen und wofür man ihr die Mittel unter falschem Vorwande zu entreißen übereinkam. So wurde begonnen mit einer Prellerei der Nationalversammlung und mit einer heimlichen Konspiration mit den absoluten Mächten des Auslandes gegen die revolutionäre römische Republik. Bonaparte bereitete auf dieselbe Weise und durch dieselben Manöver seinen Coup vom 2. Dezember gegen die royalistische Legislative und ihre konstitutionelle Republik vor. Vergessen wir nicht, daß dieselbe Partei, die am

20. Dezember 1848 Bonaparte's Ministerium, am 2. Dezember 1851 die Majorität der legislativen Nationalversammlung bildete.

Die Konstituante hat im August beschlossen, sich nicht aufzulösen, bevor sie nicht eine ganze Reihe organischer Gesetze, die die Konstitution ergänzen sollten, ausgearbeitet und promulgirt habe. Die Ordnungspartei ließ ihr durch den Repräsentanten Rateau am 6. Januar 1849 vorschlagen, die organischen Gesetze laufen zu lassen und vielmehr ihre eigene Auflösung zu beschließen. Nicht nur das Ministerium, Herrn Odilon Barrot an der Spitze, sämmtliche royalistische Mitglieder der Nationalversammlung herrschten ihr in diesem Augenblicke zu, ihre Auflösung sei nothwendig zur Herstellung des Kredits, zur Konsolidirung der Ordnung, um dem unbestimmten Provisorium ein Ende zu machen und einen definitiven Zustand zu gründen, sie hindre die Produktivität der neuen Regierung und suche ihr Dasein blos aus Rancune zu fristen, das Land sei ihrer müde. Bonaparte merkte sich alle diese Invektiven gegen die gesetzgebende Gewalt, lernte sie auswendig und bewies den parlamentarischen Royalisten am 2. Dezember 1851, daß er von ihnen gelernt habe. Er wiederholte ihre eignen Stichworte gegen sie.

Das Ministerium Barrot und die Ordnungspartei gingen weiter. Sie riefen **Petitionen an die Nationalversammlung** in ganz Frankreich hervor, worin diese freundlichst gebeten wurde, sich aufzulösen, zu verschwinden. So führten sie gegen die Nationalversammlung, den konstitutionell organisirten Ausdruck des Volkes, seine unorganischen Massen in's Feuer. Sie lehrten Bonaparte von den parlamentarischen Versammlungen an das Volk appelliren. Endlich am 29. Januar 1849 war der Tag gekommen, an dem die Konstituante über ihre eigne Auflösung beschließen sollte. Die Nationalversammlung fand ihr Sitzungsgebäude militärisch besetzt; Changarnier, der General der Ordnungspartei, in dessen Händen der Oberbefehl über Nationalgarde und Linientruppen vereinigt war, hielt große Truppenschau in Paris, als wenn eine Schlacht bevorstehe, und die koalisirten Royalisten erklärten der Konstituante drohend, daß man Gewalt anwenden werde, wenn sie nicht willig sei. Sie war willig und marktete sich nur noch eine ganz kurze Lebensfrist aus. Was war der 29. Januar anders, als der Coup d'état vom 2. Dezember 1851, nur mit Bonaparte von den Royalisten gegen die republikanische Nationalversammlung ausgeführt. Die Herren bemerkten nicht oder wollten nicht bemerken, daß Bonaparte schon den 29. Januar 1849 benutzte, um einen Theil der Truppen vor den Tuilerien an sich vorbeidefiliren zu lassen und gerade dies erste öffentliche Aufgebot der Militärmacht gegen die parlamentarische Macht begierig aufgriff, um den Caligula anzudeuten. Sie sahen allerdings nur ihren Changarnier.

Ein Motiv, das die Partei der Ordnung noch insbesondere bewog, die Lebensdauer der Konstituante gewaltsam abzukürzen, waren die organischen, die Konstitution ergänzenden Gesetze, wie das Unterrichtsgesetz, Kultusgesetz u. s. w., den koalisirten Royalisten lag Alles daran, diese Gesetze selbst zu machen und nicht von den mißtrauisch gewordenen Republikanern machen zu lassen. Unter diesen organischen Gesetzen befand sich indeß auch ein Gesetz über die Verantwortlichkeit des Präsidenten der Republik. 1851 war die legislative Versammlung eben mit Abfassung eines solchen Gesetzes beschäftigt, als Bonaparte diesem Coup durch den Coup vom 2. Dezember zuvorkam. Was hätten die koalisirten Royalisten in ihrem parlamentarischen Winterfeldzug von 1849 darum gegeben, wenn sie das Verantwortlichkeitsgesetz fertig vorgefunden und zwar verfaßt von einer mißtrauischen, gehässigen, republikanischen Versammlung.

Nachdem am 29. Januar 1849 die Konstituante ihre letzte Waffe selbst zerbrochen hatte, hetzten das Ministerium Barrot und die Ordnungsfreunde sie zu Tode, ließen nichts ungeschehen, was sie demüthigen konnte, und trotzten ihrer an sich selbst verzweifelnden Schwäche Gesetze ab, die sie den letzten Rest von Achtung bei dem Publikum verlieren ließ. Bonaparte mit seiner fixen napoleonischen Idee beschäftigt, war keck genug, diese Herabwürdigung der parlamentarischen Macht öffentlich zu exploitiren. Als nämlich die Nationalversammlung am 8. Mai 1849 dem Ministerium ein Tadelsvotum wegen der Besetzung Civita=Vecchia's durch Oudinot ertheilte und die römische Expedition zu ihrem angeblichen Zweck zurückzuführen befahl, publizirte Bonaparte denselben Abend im Moniteur einen Brief an Oudinot, worin er ihm zu seinen Heldenthaten Glück wünscht und sich schon im Gegensatz zu den federfuchsenden Parlamentären als den großmüthigen Protecteur der Armee geberdet. Die Royalisten lächelten dazu. Sie hielten ihn einfach für ihren Dupe. Endlich als Marrast, der Präsident der Konstituante, einen Augenblick die Sicherheit der Nationalversammlung gefährdet glaubte und auf die Konstitution gestützt einen Obersten mit seinem Regimente requirirte, weigerte sich der Oberst, bezog sich auf die Disziplin und verwies Marrast an Changarnier, der ihn höhnisch abwies mit der Bemerkung, er liebe nicht die bayonettes intelligentes. November 1851, als die koalisirten Royalisten den entscheidenden Kampf mit Bonaparte beginnen wollten, suchten sie in ihrer berüchtigten Quästorenbill das Prinzip der direkten Requisition der Truppen durch den Präsidenten der Nationalversammlung durchzusetzen und selbst zu übertreiben. Einer ihrer Generale, Leflô, hatte den Gesetzvorschlag unterzeichnet. Vergebens stimmte Changarnier für den Vorschlag und huldigte Thiers der umsichtigen Weisheit der ehemaligen Konstituante. Der Kriegsminister St. Arnaud antwortete ihm, wie dem Marrast Changarnier geantwortet hatte, und — unter dem Beifallsruf der Montagne.

So hatte die Partei der Ordnung selbst, als sie noch nicht Nationalversammlung, als sie nur noch Ministerium war, das parlamentarische Regime gebrandmarkt. Und sie schreit auf, als der 2. Dezember 1851 es aus Frankreich verbannt!

Wir wünschen ihm glückliche Reise.

III.

Am 29. Mai 1849 trat die gesetzgebende Nationalversammlung zusammen. Am 2. Dezember 1851 ward sie gesprengt. Diese Periode umfaßt die Lebensdauer der konstitutionellen oder parlamentarischen Republik. Sie zerfällt in drei Hauptepochen: 29. Mai 1849 bis 13. Juni 1849, Kampf der Demokratie und der Bourgeoisie, Niederlage der kleinbürgerlichen oder demokratischen Partei; — 13. Juni 1849 bis 31. Mai 1850, parlamentarische Diktatur der Bourgeoisie, d. h. der koalisirten Orleanisten und Legitimisten oder der Partei der Ordnung, Diktatur, die sich durch die Abschaffung des allgemeinen Wahlrechts vollendet; — 31. Mai 1850 bis zum 2. Dezember 1851, Kampf der Bourgeoisie und Bonaparte's, Sturz der Bourgeois=Herrschaft, Untergang der konstitutionellen oder parlamentarischen Republik.

In der ersten französischen Revolution folgt auf die Herrschaft der Konstitutionellen die Herrschaft der Girondin's und auf die Herrschaft der Girondin's die Herrschaft der Jakobiner. Jede dieser Parteien stützt sich auf die fortgeschrittenere. Sobald sie die Revolution weit genug geführt hat, um ihr nicht mehr zu folgen, noch weniger ihr vorangehen zu können, wird sie von dem kühnern Verbündeten, der hinter ihr steht, bei Seite geschoben und auf die Guillotine geschickt. Die Revolution bewegt sich so in aufsteigender Linie.

Umgekehrt die Revolution von 1848. Die proletarische Partei erscheint als Anhang der kleinbürgerlich=demokratischen. Sie wird von ihr verrathen und fallen gelassen am 16. April, am 15. Mai und in den Junitagen. Die demokratische Partei ihrerseits lehnt sich auf die Schultern der bourgeois=republikanischen. Die

Bourgeois-Republikaner glauben kaum festzustehen, als sie den lästigen Kameraden abschütteln und sich selbst auf die Schultern der Ordnungspartei stützen. Die Ordnungspartei zieht ihre Schultern ein, läßt die Bourgeois-Republikaner purzeln und wirft sich selbst auf die Schultern der bewaffneten Gewalt. Sie glaubt noch auf ihren Schultern zu sitzen, als sie an einem schönen Morgen bemerkt, daß sich die Schultern in Bajonette verwandelt haben. Jede Partei schlägt von hinten aus nach der weiterdrängenden, und lehnt sich von vorn über auf die zurückdringende. Kein Wunder, daß sie in dieser lächerlichen Positur das Gleichgewicht verliert, und, nachdem sie die unvermeidlichen Grimassen geschnitten, unter seltsamen Kapriolen zusammenstürzt. Die Revolution bewegt sich so in absteigender Linie, und sie findet sich in dieser rückgängigen Bewegung, ehe die letzte Februar-Barrikade weggeräumt und die erste Revolutionsbehörde constituirt ist.

Die Periode, die wir vor uns haben, umfaßt das bunteste Gemisch schreiender Widersprüche: Konstitutionelle, die offen gegen die Konstitution konspiriren, Revolutionäre, die eingestandenermaßen konstitutionell sind, eine Nationalversammlung, die allmächtig sein will und stets parlamentarisch bleibt; eine Montagne, die im Dulden ihren Ruf findet und durch die Prophezeiung künftiger Siege ihre gegenwärtigen Niederlagen parirt; Royalisten, die die patres conscripti der Republik bilden, und durch die Situation gezwungen werden, die feindlichen Königshäuser, denen sie anhängen, im Auslande, und die Republik, die sie hassen, in Frankreich zu halten, eine Exekutivgewalt, die in ihrer Schwäche selbst ihre Kraft und in der Verachtung, die sie einflößt, ihre Respektabilität findet, eine Republik, die nichts anders ist, als die zusammengesetzte Infamie zweier Monarchien, der Restauration und der Julimonarchie, mit einer imperialistischen Etiquette, — Verbindungen deren erste Klausel die Trennung, Kämpfe, deren erstes Gesetz die Entscheidungslosigkeit ist, im Namen der Ruhe wüste, inhaltslose Agitation, im Namen der Revolution feierlichstes Predigen der Ruhe, Leidenschaften ohne Wahrheit, Wahrheiten ohne Leidenschaft, Helden ohne Heldenthaten, Geschichte ohne Ereignisse, Entwickelung, deren einzige Triebkraft der Kalender scheint, durch beständige Wiederholung derselben Spannungen und Abspannungen ermüdend, Gegensätze, die sich selbst periodisch nur auf die Höhe zu treiben scheinen, um sich abzustumpfen und zusammenzufallen, ohne sich auflösen zu können, pretentiös zur Schau getragene Anstrengungen und bürgerliche Schrecken vor der Gefahr des Weltuntergangs und von den Weltrettern gleichzeitig die kleinlichsten Intriguen und Hofkomödien gespielt, die in ihrem Laisser aller weniger an den jüngsten Tag als an die Zeiten der Fronde erinnern, — das offizielle Gesammtgenie Frankreichs von der pfiffigen Dummheit eines einzelnen Individuums zu Schanden gemacht, der Gesammtwille der Nation, so oft er im allgemeinen Wahlrecht spricht, in den verjährten Feinden der Masseninteressen seinen entsprechenden Ausdruck suchend, bis er ihn endlich in dem Eigenwillen eines Flibustiers findet. Wenn irgend ein Geschichtsausschnitt grau in grau gemalt ist, so ist es dieser. Menschen und Ereignisse erscheinen als umgekehrte Schlemihle, als Schatten, denen der Körper abhanden gekommen ist. Die Revolution selbst paralysirt ihre eigenen Träger und stattet nur ihre Gegner mit leidenschaftlicher Gewaltsamkeit aus. Wenn das „rothe Gespenst" von den Kontrerevolutionären beständig geweckt, heraufbeschworen und gebannt, endlich erscheint, so erscheint es nicht mit anarchischer Phrygiermütze auf dem Kopfe, sondern in der Uniform der Ordnung, in rothen Plumphosen.

Wir haben gesehen: das Ministerium, das Bonaparte am 20. Dezember 1848, am Tage seiner Himmelfahrt installirte, war ein Ministerium der Ordnungspartei, der legitimistischen und orleanistischen Koalition. Dies Ministerium Barrot-Fallour hatte die republikanische Konstituante, deren Lebensdauer es mehr oder minder gewaltsam abkürzte, überwintert und befand sich noch am Ruder. Changarnier, der General der verbündeten Royalisten, vereinigte fortwährend in seiner Person das Generalkommando der ersten Militärdivision und der Pariser Nationalgarden, und die allgemeinen Wahlen endlich hatten der Ordnungspartei die große Majorität in der Nationalversammlung gesichert. Hier trafen die Deputirten und Pairs Louis Philipp's zusammen, mit einer heiligen Schaar von Legitimisten, die aus ihrem Versteck hervortraten, nachdem zahlreiche Wahlzettel der Nation sich für sie in Eintrittskarten auf die politische Bühne verwandelt hatte. Die bonapartistischen Volksrepräsentanten waren zu dünne gesäet, um eine selbstständige parlamentarische Partei bilden zu können. Sie waren hinreichend vorhanden, um bei einer allgemeinen Musterung gegen die republikanischen Streitkräfte als Ziffern zu zählen. Sie erschienen nur als mauvaise queue der Ordnungspartei. So war die Ordnungspartei im Besitz der Regierungsgewalt, der Armee und des gesetzgebenden Körpers, kurz: der Gesammtmacht des Staats, moralisch gekräftigt durch die allgemeinen Wahlen, die ihre Herrschaft als den Willen des Volkes erscheinen ließen, und durch den gleichzeitigen Sieg der Kontrerevolution auf dem gesammten europäischen Kontinent.

Nie eröffnete eine Partei mit größern Mitteln und unter günstigern Auspicien ihren Feldzug.

Die schiffbrüchigen reinen Republikaner fanden sich in der gesetzgebenden Nationalversammlung auf eine Klique von ungefähr 50 Mann zusammengeschmolzen, an ihrer Spitze die afrikanischen Generale Cavaignac, Lamoricière, Bedeau. Die große Oppositionspartei aber wurde gebildet durch die Montagne. Diesen parlamentarischen Taufnamen hatte sich die sozial-demokratische Partei gegeben. Sie verfügte über mehr als 200 Stimmen von den 750 Stimmen der Nationalversammlung und war daher wenigstens eben so mächtig als irgend eine der drei Fraktionen der Ordnungspartei für sich genommen. Ihre relative Minorität gegen die eine gesammte royalistische Koalition schien durch besondere Umstände aufgewogen. Nicht nur zeigten die Departementswahlen, daß sie einen bedeutenden Anhang unter der Landbevölkerung gewonnen hatten. Sie zählten beinahe alle Deputirten von Paris unter sich, die Armee hatte durch die Wahl von drei Unteroffizieren ein demokratisches Glaubensbekenntniß abgelegt und der Chef der Montagne, Ledru-Rollin, war im Unterschiede von allen Repräsentanten der Ordnungspartei in den parlamentarischen Adelstand erhoben durch fünf Departements, die ihre Stimmen auf ihn vereinigt hatten. Die Montagne schien also am 29. Mai 1849, bei den unvermeidlichen Kollisionen der Royalisten unter sich und der gesammten Ordnungspartei mit Bonaparte, alle Elemente des Erfolgs vor sich zu haben. Vierzehn Tage später hatten sie alles verloren, die Ehre eingerechnet.

Ehe wir der parlamentarischen Geschichte weiter folgen, sind einige Bemerkungen nöthig, um gewöhnliche Täuschungen über den ganzen Charakter der Epoche, die uns vorliegt, zu vermeiden. In der demokratischen Manier zu sehen, handelte es sich während der Periode der gesetzgebenden Nationalversammlung, um was es sich in der Periode der konstituirenden handelte, um den einfachen Kampf zwischen Republikanern und Royalisten. Die Bewegung selbst aber fassen sie in Ein Stichwort zusammen: „Reaktion," Nacht, worin alle Katzen grau sind und die ihnen erlaubt, ihre nachtwächterlichen Gemeinplätze abzuleiern. Und allerdings, auf den ersten Blick zeigt die Ordnungspartei einen Knäuel von verschiedenen royalistischen Fraktionen, die nicht nur gegen einander intriguiren, um jede ihren eigenen Prätendenten auf den Thron zu erheben und den Prätendenten der Gegenpartei auszuschließen, sondern, die sich alle vereinigen in gemeinschaftlichem Haß und gemeinschaftlichen Angriffen gegen die „Republik." Die Montagne ihrerseits erscheint im Gegensatze zu dieser royalistischen Konspiration als Vertreterin der „Republik." Die Ordnungspartei erscheint beständig beschäftigt mit einer „Reaktion," die sie nicht mehr nicht minder wie in Oesterreich gegen Presse, Assoziation u. dgl. richtet, und in brutalen Polizeieinmischungen der Bureaukratie, der Gensdarmerie und der Parkette sich vollstreckt wie in Oesterreich. Die „Montagne" ihrerseits wieder ist ebenso fortwährend beschäftigt, diese Angriffe abzuwehren und so die „ewigen Menschenrechte" zu vertheidigen, wie jede sogenannte Volkspartei mehr oder minder seit anderthalb Jahrhunderten gethan hat. Vor einer nähern Betrachtung der Situation und der Parteien verschwindet indeß dieser oberflächliche Schein, der den Klassenkampf und die eigenthümliche Physiognomie dieser Periode verschleiert und sie so zu einer schatzhaltigen Mine für kannegießernde Politiker und republikanische Gesinnungsmänner macht.

Legitimisten und Orleanisten bildeten, wie gesagt, die zwei großen Fraktionen der Ordnungspartei. Was diese Fraktionen an ihren Prätendenten festhielt, und sie wechselseitig auseinander hielt, war es nichts Andres, als Lilie und Trikolore, Haus Bourbon und Haus Orléans, verschiedene Schattirungen des Royalismus, war es überhaupt das Glaubensbekenntniß des Royalismus? Unter den Bourbonen hatte das große Grundeigenthum regiert mit seinen Pfaffen und Lakaien, unter den Orléans die hohe Finanz, die große Industrie, der große Handel, d. h. das Kapital mit seinem Gefolge von Advokaten, Professoren und Schönrednern. Das legitime Königthum war blos der politische Ausdruck für die angestammte Herrschaft der Herren von Grund und Boden, wie die Julimonarchie nur der politische Ausdruck für die usurpirte Herrschaft der bürgerlichen Parvenues. Was also diese Fraktionen auseinander hielt, es waren keine sogenannten Prinzipien, es waren ihre materiellen Existenzbedingungen, zwei verschiedene Arten des Eigenthums, es war der alte Gegensatz von Stadt und Land, die Rivalität zwischen Kapital und Grundeigenthum. Daß gleichzeitig alte Erinnerungen, persönliche Feindschaften, Befürchtungen und Hoffnungen, Vorurtheile und Illusionen, Sympathien und Antipathien, Ueberzeugungen, Glaubensartikel und Prinzipien sie an das eine oder das andre Königshaus band, wer leugnet es? Auf den verschiedenen Formen des Eigenthums, der sozialen Existenzbedingung, erhebt sich ein ganzer Ueberbau verschiedener und eigenthümlich gestalteter Empfindungen, Illusionen, Denkweisen und Lebensanschauungen. Die ganze Klasse schafft und gestaltet sie aus ihren materiellen Grundlagen heraus und aus den gesellschaftlichen Verhältnissen, die ihnen entsprechen. Das einzelne Individuum, dem sie durch Tradition und Erziehung zufließen, kann sich einbilden, daß sie die eigentlichen Bestimmungsgründe und den Ausgangspunkt seines Handelns bilden. Wie Orleanisten, Legitimisten jede Fraktion sich selbst und der andern vorzureden suchte, daß die Anhänglichkeit an ihre zwei Königshäuser sie trennte, so bewies später die Thatsache, daß vielmehr ihr gespaltenes Interesse die Vereinigung der zwei Königshäuser verbot. Und wie man ein Privatleben unterscheidet zwischen dem, was ein Mensch meint und sagt, und dem, was er wirklich ist und thut, so muß man noch mehr in geschichtlichen Kämpfen die Phrasen und Einbildungen der Parteien von ihrer wirklichen Organisation und ihren wirklichen Interessen, ihre Vorstellung von ihrer Realität unterscheiden. Orleanisten und Legitimisten fanden sich in der Republik neben einander mit gleichen Ansprüchen. Wenn jede Seite gegen die andre die Restauration ihres eignen Königshauses durchsetzen wollte, so hieß das nichts Andres, als daß die zwei großen Interessen, worin die Bourgeoisie sich spaltet — Grundeigenthum und Kapital — jedes seine eigne Suprematie und die Unterordnung der andern zu restauriren suchte. Wir sprechen von zwei Interessen der Bourgeoisie, denn das große Grundeigenthum, trotz seiner feudalen Kotterie und seines Racenstolzes war durch die Entwicklung der modernen Gesellschaft vollständig verbürgerlicht. So haben die Tories in England sich lange eingebildet, daß sie für das Königthum, die Kirche und die Schönheiten der altenglischen Verfassung schwärmten, bis der Tag der Gefahr ihnen das Geständniß entriß, daß sie nur für die Grundrente schwärmten.

Die koalisirten Royalisten spielten ihre Intrigue gegen einander in der Presse, in Ems, in Claremont außerhalb des Parlaments. Hinter den Coulissen zogen sie ihre alten orleanistischen und legitimistischen Livréen wieder an und führten ihre alten Turniere wieder auf. Aber auf der öffentlichen Bühne, in ihren Haupt- und Staatsaktionen, als große parlamentarische Partei, fertigten sie ihre respektiven Königshäuser mit bloßen Reverenzen ab, vertagten die Restauration der Monarchie in infinitum und verrichteten ihr wirkliches Geschäft als Partei der Ordnung, d. h. unter einem gesellschaftlichen, nicht unter einem politischen Titel, als Vertreter der bürgerlichen Weltordnung, nicht als Ritter fahrender Prinzessinnen, als Bourgeoisklasse gegenüber andern Klassen, nicht als Royalisten gegenüber den Republikanern. Und als Partei der Ordnung haben sie eine unumschränktere und härtere Herrschaft über die andern Klassen der Gesellschaft ausgeübt, als sie je weder unter der Restauration noch unter der Julimonarchie vermochten, wie sie überhaupt nur unter der Form der parlamentarischen Republik möglich war, denn nur unter dieser Form konnten die zwei großen Abtheilungen der französischen Bourgeoisie sich vereinigen und die Herrschaft ihrer Klasse statt des Regimes einer privilegirten Fraktion derselben auf die Tagesordnung setzen. Wenn sie trotzdem auch als Partei der Ordnung die Republik insultiren und ihren Widerwillen gegen sie aussprechen, so geschieht es nicht nur aus royalistischer Erinnerung, sondern aus dem Instinkt, daß die republikanische Form zwar ihre politische Herrschaft vollendet und ihr allen fremden Schein abstreift, aber zugleich deren gesellschaftliche Grundlage unterwühlt, indem sie nun ohne Vermittlung, ohne den Versteck der Krone, ohne das nationale Interesse durch ihre untergeordneten Kämpfe unter einander und mit dem Königthum ableiten zu können, den unterjochten Klassen gegenüberstehen und mit ihnen ringen müssen. Es geschieht aus Schwäche, die sie vor den reinen Bedingungen ihrer eignen Klassenherrschaft zurückbeben und sich nach den unvollständigern, unentwickelteren und eben darum gefahrloseren Formen derselben zurücksehnen läßt. So oft die koalisirten Royalisten dagegen in Konflikt mit dem Prätendenten gerathen, der ihnen gegenübersteht, mit Bonaparte, so oft sie ihre parlamentarische Allmacht von der Exekutivgewalt gefährdet glauben, so oft sie also den politischen Titel ihrer Herrschaft auskehren müssen, treten sie als R e p u b l i k a n e r auf und nicht als R o y a l i s t e n, von dem Orleanisten Thiers, der der Nationalversammlung zuruft, die Republik sie am wenigsten trenne, bis auf den Legitimisten Berryer, der am 2. Dezember 1851 die dreifarbige Schärpe umgewunden, das vor dem Mairiegebäude des zehnten Arrondissements versammelte Volk als Tribun im Namen der Republik harangirt. Allerdings ruft ihm das Echo spottend zurück: Henri V.! Henri V.!

Der koalisirten Bourgeoisie gegenüber hatte sich eine Koalition zwischen Kleinbürgern und Arbeitern gebildet, die sogenannte s o z i a l - d e m o k r a t i s c h e Partei. Die Kleinbürger sahen sich nach den Junitagen 1848 schlecht belohnt, ihre materiellen Interessen gefährdet und die demokratischen Garantien, die ihnen die Geltendmachung dieser Interessen sichern sollten, von der Kontrerevolution in Frage gestellt. Sie näherten sich daher den Arbeitern. Ihre parlamentarische Repräsentation andrerseits, die M o n t a g n e, während der Diktatur der Bourgeois-Republikaner bei Seite geschoben, hatte in der letzten Lebenshälfte der Konstituante durch den Kampf mit Bonaparte und den royalistischen Ministern ihre verlorne Popularität wiedererobert. Sie hatte mit den sozialistischen Führern eine Allianz geschlossen. Februar 1849 waren Versöhnungs-Banquette gefeiert. Ein gemeinschaftliches Programm wurde entworfen, gemeinschaftliche Wahlkomités wurden gestiftet und gemeinschaftliche Kandidaten aufgestellt. Den sozialen Forderungen des Proletariats wurde die revolutionäre Pointe abgebrochen und eine demokratische Wendung gegeben, den demokratischen Ansprüchen des Kleinbürgerthums wurde die blos politische Form abgestreift und ihre sozialistische Pointe herausgekehrt. So entstand die S o z i a l - D e m o k r a t i e. Die neue M o n t a g n e, das Ergebniß dieser Kombination, enthielt, einige Figuranten aus der Arbeiterklasse und einige sozialistische Sektirer abgerechnet, dieselben Elemente wie die alte Montagne, nur numerisch stärker. Aber im Laufe der Entwicklung hatte sie sich verändert mit der Klasse, die sie vertrat. Der eigenthümliche Charakter der Sozial-Demokratie faßt sich dahin zusammen, daß demokratisch-republikanische Institutionen als Mittel verlangt werden, nicht um zwei Extreme, Kapital und Lohnarbeit, beide aufzuheben, sondern um ihren Gegensatz abzuschwächen und in Harmonie zu verwandeln. Wie verschiedene Maßregeln zur Erreichung dieses Zweckes vorgeschlagen werden mögen, wie sehr er mit mehr oder minder revolutionären Vorstellungen sich verbrämen mag, der Inhalt bleibt derselbe. Dieser Inhalt ist die Umänderung der Gesellschaft auf demokratischem Wege, aber eine Umänderung innerhalb der Grenzen des Kleinbürgerthums. Man muß sich nur nicht die bornirte Vorstellung machen, als wenn das Kleinbürgerthum prinzipiell ein egoistisches Klasseninteresse durchsetzen wolle. Es glaubt vielmehr, daß die besondern Bedingungen seiner Befreiung die allgemeinen Bedingungen sind, innerhalb deren allein die moderne Gesellschaft gerettet und der Klassenkampf vermieden werden kann. Man muß sich ebensowenig vorstellen, daß die demokratischen Repräsentanten nun alle shopkeepers sind oder für dieselben schwärmen. Sie können ihrer Bildung und ihrer individuellen Lage nach himmelweit von ihnen getrennt sein. Was sie zu Vertretern des Kleinbürgers macht, ist, daß sie im Kopfe nicht über die Schranken hinauskommen, worüber jener nicht im Leben hinauskommt, daß sie daher zu denselben Aufgaben und Lösungen theoretisch getrieben werden, wohin jene das materielle Interesse und die gesellschaftliche Lage praktisch treiben. Dies ist überhaupt das Verhältniß der **politischen und literarischen Vertreter** einer Klasse zu der Klasse, die sie vertreten.

Nach der gegebenen Auseinandersetzung versteht sich von selbst, daß, wenn die Montagne mit der Ordnungspartei fortwährend um die Republik und die sogenannten Menschenrechte ringt, weder die Republik noch die Menschenrechte ihr letzter Zweck sind, so wenig wie eine Armee, die man ihrer Waffen berauben will und die sich zur Wehr setzt, auf den Kampfplatz getreten ist, um sich den Besitz ihrer eignen Waffen zu sichern.

Die Partei der Ordnung provozirte gleich beim Zusammentritte der Nationalversammlung die Montagne. Die Bourgeoisie fühlte jetzt die Nothwendigkeit, mit den demokratischen Kleinbürgern fertig zu werden, wie sie ein Jahr vorher die Nothwendigkeit begriffen hatte, mit dem revolutionären Proletariat zu enden. Nur war die Situation des Gegners eine verschiedene. Die Stärke der proletarischen Partei war auf der Straße, die der Kleinbürger in der Nationalversammlung selbst. Es galt also, sie aus der Nationalversammlung auf die Straße zu locken und sie selbst ihre parlamentarische Macht zerbrechen zu lassen, ehe Zeit und Gelegenheit sie konsolidiren könnte. Die Montagne sprengt mit verhängtem Zügel in die Falle.

Das Bombardement Rom's durch die französischen Truppen war der Köder, der ihnen hingeworfen wurde. Es verletzte Art. V der Konstitution, der der französischen Republik untersagt, ihre Streitkräfte gegen die Freiheiten eines andern Volks zu verwenden. Zudem verbot auch Art. IV jede Kriegserklärung von Seiten der Exekutivgewalt ohne Zustimmung der Nationalversammlung, und die Konstituante hatte durch ihren Beschluß vom 8. Mai die römische Expedition gemißbilligt. Auf diese Gründe hin deponirte Ledru-Rollin am 11. Juni 1849 einen Anklageakt gegen Bonaparte und seine Minister und, durch die Wespenstiche von Thiers aufgereizt, ließ er sich zu der Drohung fortreißen, die Konstitution mit allen Mitteln vertheidigen zu wollen, selbst mit der Waffen in der Hand. Die Montagne erhob sich wie Ein Mann und wiederholte diesen Waffenruf. Am 12. Juni verwarf die Nationalversammlung den Anklageakt und die Montagne verließ das Parlament. Die Ereignisse des 13. Juni sind bekannt: die Proklamation eines Theils der Montagne, wodurch Bonaparte und seine Minister „außerhalb der Konstitution erklärt wurden; die Straßenprozession der demokratischen Nationalgarden, die waffenlos, wie sie waren, bei dem Zusammentreffen mit den Truppen Changarnier's auseinander stoben u. s. w. u. s. w. Ein Theil der Montagne flüchtete in's Ausland, ein anderer wurde dem Hochgerichte in Bourges überwiesen, und ein parlamentarisches Reglement unterwarf den Rest der schulmeisterlichen Aufsicht des Präsidenten der Nationalversammlung. Paris wurde wieder in Belagerungszustand versetzt und der demokratische Theil seiner Nationalgarde aufgelöst. So war der Einfluß der Montagne im Parlamente und die Macht der Kleinbürger in Paris gebrochen.

Lyon, wo der 13. Juni das Signal zu einem blutigen Arbeiteraufstande gegeben hatte, wurde mit den fünf umliegenden Departements ebenfalls in Belagerungszustand erklärt, ein Zustand, der bis auf diesen Augenblick fortdauert.

Das Gros der Montagne hatte seine Avantgarde im Stiche gelassen, indem es ihrer Proklamation die Unterschriften verweigerte. Die Presse war desertirt, indem nur zwei Journale das Pronunziamento zu veröffentlichen wagten. Die Kleinbürger verriethen ihre Repräsentanten indem die Nationalgarden ausblieben oder wo sie erschienen, den Barrikadenbau verhinderten. Die Repräsentanten hatten die Kleinbürger dupirt, indem die angeblichen Affiliirten von der Armee nirgends zu erblicken waren. Endlich, statt von ihm Kraftzuschuß zu gewinnen, hatte die demokratische Partei das Proletariat mit ihrer eignen Schwäche angesteckt, und, wie gewöhnlich bei demokratischen Hochthaten, hatten die Führer die Genugthuung, ihr „Volk" der Desertion und das Volk die Genugthuung, seine Führer der Prellerei beschuldigen zu können.

Selten war eine Aktion mit größerem Geräusch verkündet worden, als der bevorstehende Feldzug der Montagne, selten ein Ereigniß mit mehr Sicherheit und länger vorher ausgetrompetet, als der unvermeidliche Sieg der Demokratie. Ganz gewiß: die Demokraten glauben an die Posaunen, vor deren Stößen die Mauern Jericho's einstürzten. Und so oft sie den Wällen des Despotismus gegenüberstehen, suchen sie das Wunder nachzumachen. Wenn die Montagne im Parlamente siegen wollte, durfte sie nicht zu den Waffen rufen. Wenn sie im Parlamente zu den Waffen rief, durfte sie sich auf der Straße nicht parlamentarisch verhalten. Wenn die friedliche Demonstration ernst gemeint war, so war es albern, nicht vorherzusehen, daß sie kriegerisch empfangen werden würde. Wenn es auf den wirklichen Kampf abgesehen war, so war es originell, die Waffen abzulegen, mit denen er geführt werden mußte. Aber die revolutionären Drohungen der Kleinbürger und ihrer demokratischen Vertreter sind bloße Einschüchterungsversuche des Gegners. Und wenn sie sich in eine Sackgasse verrannt, wenn sie sich hinlänglich kompromittirt haben, um zur Ausführung ihrer Drohungen gezwungen zu sein, so geschieht es in einer zweideutigen Weise, die nichts mehr vermeidet als die Mittel zum Zwecke und nach Vorwänden zum Unterliegen hascht. Die schmetternde Ouverture, die den Kampf verkündete, verliert sich in ein kleinlautes Knurren, sobald er beginnen soll, die Schauspieler hören auf sich au sérieux zu nehmen und die Handlung fällt platt zusammen, wie ein luftgefüllter Ballon, den man mit einer Nadel pickt.

Keine Partei übertreibt sich mehr ihre Mittel, als die demokratische, keine täuscht sich leichtsinniger über die Situation. Wenn ein Theil der Armee für sie gestimmt hatte, war die Montagne nun auch überzeugt, daß die Armee für sie revoltiren werde. Und bei welchem Anlasse? Bei einem Anlasse, der vom Standpunkte der Truppen keinen andern Sinn hatte, als daß die Revolutionäre für die römischen Soldaten gegen die französischen Soldaten Partei ergriffen. Von den Arbeitern mußte die Montagne wissen, daß die Erinnerungen an den Juni 1848 noch zu frisch waren, als daß nicht eine tiefe Abneigung des Proletariats gegen die Nationalgarde und ein durchgreifendes Mißtrauen der Chefs der geheimen Gesellschaften gegen die demokratischen Chefs existiren mußte. Um diese Differenzen auszugleichen, dazu bedurfte es großer gemeinschaftlicher Interessen, die auf dem Spiele standen. Die Verletzung eines abstrakten Verfassungsparagraphen konnte das Interesse nicht bieten. War die Verfassung nicht schon wiederholt verletzt worden nach der Versicherung der Demokraten selbst? Hatten die populärsten Journale sie nicht als ein kontrerevolutionäres Machwerk gebrandmarkt? Aber der Demokrat, weil er das Kleinbürgerthum vertritt, also eine Uebergangsklasse, worin die Interessen zweier Klassen sich zugleich abstumpfen, dünkt sich über den Klassengegensatz überhaupt erhaben. Die Demokraten geben zu, daß eine privilegirte Klasse ihnen gegenübersteht, aber sie mit der ganzen übrigen Umgebung der Nation bilden das **Volk**. Was sie vertreten, ist das **Volksrecht**; was sie interessirt, ist das **Volksinteresse**. Sie brauchen daher bei einem bevorstehenden Kampfe die Interessen und Stellungen der verschiedenen Klassen nicht zu prüfen. Sie brauchen ihre eignen Mittel nicht allzu bedenklich abzuwägen. Sie haben eben nur das Signal zu geben, damit das **Volk** mit allen seinen unerschöpflichen Resourcen über die Dränger herfalle. Stellen sich nun in der Ausführung ihre Interessen als uninteressant und ihre Macht als Ohnmacht heraus, so liegt das entweder an verderblichen Sophisten, die das **untheilbare Volk** in verschiedene feindliche Lager spalten, oder die Armee war zu verthiert und zu verblendet, um die reinen Zwecke der Demokratie als ihr eignes Beste zu begreifen, oder an einem Detail der Ausführung ist das Ganze gescheitert, oder aber ein unvorhergesehener Zufall hat für diesmal die Partie vereitelt. Jedenfalls geht der Demokrat eben so makellos aus der schmählichsten Niederlage heraus, wie er unschuldig in sie hineingegangen ist, mit der neugewonnenen Ueberzeugung, daß er siegen muß, nicht daß er selbst und seine Partei den alten Standpunkt aufzugeben, sondern umgekehrt, daß die Verhältnisse ihm entgegenzureifen haben.

Man muß sich daher die dezimirte, gebrochene und durch das neue parlamentarische Reglement gedemüthigte Montagne nicht gar zu unglücklich vorstellen. Die Diäten und die offizielle Stellung waren für viele derselben ein täglich neuer Quell des Trostes. Wenn der 13. Juni ihre Chefs beseitigt hatte, so machte er andrerseits ihren Platz untergeordneteren Kapazitäten zugänglich, denen diese neue Stellung schmeichelte. Wenn ihre Machtlosigkeit im Parlamente nicht mehr bezweifelt werden konnte, so waren sie nun auch berechtigt, ihre That auf Ausbrüche sittlicher Entrüstung und polternder Deklamationen zu beschränken. Wenn die Ordnungspartei in ihnen als den letzten offiziellen Repräsentanten der Revolution alle Schrecken der Anarchie verkörpert zu sehen vorgab, so konnten sie in der Wirklichkeit desto platter und bescheidener sein. Ueber den 13. Juni aber vertrösteten sie sich mit der tiefen Wendung: Aber wenn man das allgemeine Wahlrecht anzugreifen wagt, aber dann! Dann werden wir zeigen, wer wir sind. Nous verrons.

Was die in's Ausland geflüchteten Montagnards betrifft, so genügt es hier zu bemerken, daß Ledru-Rollin, weil es ihm gelungen war, in kaum zwei Wochen die mächtige Partei, an deren Spitze er stand, rettungslos zu ruiniren, sich nun berufen fand, eine französische Regierung in partibus zu bilden, daß seine Figur, in der Form, vom Boden der Aktion weggehoben, im Maßstab als das Niveau der Revolution sank und die offiziellen Größen des offiziellen Frankreichs zwerghafter wurden, an Größe zu wachsen schien, daß er als republikanischer Prätendent für 1852 figuriren konnte, daß er periodische Rundschreiben an die Wallachen und andere Völker erließ, worin den Despoten des Kontinents mit seinen und seiner Verbündeten Thaten gedroht wird. Hatte Proudhon ganz Unrecht, wenn er diesen Herren zurief: "Vous n'êtes que de blangueurs?"

Die Ordnungspartei hatte am 13. Juni nicht nur die Montagne gebrochen, sie hatte die **Unterordnung der Konstitution unter die Majoritätsbeschlüsse der Nationalversammlung** durchgesetzt. Und so verstand sie die Republik. Daß die Bourgeoisie hier in parlamentarischen Formen herrsche, ohne wie in der Monarchie an dem Veto der Exekutivgewalt oder an der Auflösbarkeit des Parlaments eine Schranke zu finden. Das war die **parlamentarische Republik**, wie Thiers sie nannte. Aber wenn die Bourgeoisie am 13. Juni ihre Allmacht innerhalb des Parlamentsgebäudes sicherte, schlug sie nicht das Parlament selbst der Exekutivgewalt und dem Volke gegenüber mit unheilbarer Schwäche, indem sie den populärsten Theil desselben ausstieß? Indem sie zahlreiche Deputirte ohne weitere Ceremonien den Requisitionen der Parkette preisgab, hob sie ihre eigne parlamentarische Unverletzlichkeit auf. Das demüthigende Reglement, dem sie die Montagne unterwarf, erhöhte in demselben Maße den Präsidenten der Republik, als es den einzelnen Repräsentanten des Volks herabdrückte. Indem sie die Insurrektion zur Behauptung der konstitutionellen Verfassung als anarchische auf den Umsturz der Gesellschaft abzweckende That verdammte, verbot sie sich selbst den Appell an die Insurrektion, sobald die Exekutivgewalt ihr gegenüber die Verfassung verletzen würde. Die Ironie der Geschichte wollte, daß der General, der im Auftrage

Bonaparte's Rom bombardirt, und so den unmittelbaren Anlaß zu der konstitutionellen Emeute vom 13. Juni gegeben hatte, daß Oudinot am 2. Dezember 1851 dem Volke von der Ordnungspartei flehentlich und vergeblich als General der Konstitution gegen Bonaparte angeboten werden mußte. Ein anderer Held des 13. Juni, Vieyra, der von der Tribüne der Nationalversammlung Lob einärndtete für die Brutalitäten, die er in demokratischen Zeitungslokalen an der Spitze einer der hohen Finanz angehörigen Rotte verübt hatte, dieser selbe Vieyra war in die Verschwörung Bonaparte's eingeweiht und trug wesentlich dazu bei, in ihrer Todesstunde der Nationalversammlung jeden Schutz von Seiten der Nationalgarde abzuschneiden.

Der 13. Juni hatte noch einen andern Sinn. Die Montagne hatte Bonaparte's Versetzung in Anklagezustand ertrotzen wollen. Ihre Niederlage war also ein direkter Sieg Bonaparte's, sein persönlicher Triumph über seine demokratischen Feinde. Die Partei der Ordnung erfocht den Sieg, Bonaparte hatte ihn nur einzukassiren. Er that es. Am 14. Juni war eine Proklamation an den Mauern von Paris zu lesen, worin der Präsident, gleichsam ohne sein Zuthun, widerstrebend, durch die bloße Macht der Ereignisse gezwungen aus seiner klösterlichen Abgeschiedenheit hervortritt, als verkannte Tugend über die Verläumdungen seiner Widersacher klagt und während er seine Person mit der Sache der Ordnung zu identifiziren scheint, vielmehr die Sache der Ordnung mit seiner Person identifizirt. Zudem hatte die Nationalversammlung die Expedition gegen Rom zwar nachträglich gebilligt, aber Bonaparte hatte die Initiative dazu ergriffen. Nachdem er den Hohepriester Salomon in den Vatikan wieder eingeführt, konnte er hoffen, als König David wieder die Tuilerien zu beziehen. Er hatte die Pfaffen gewonnen.

Die Emeute vom 13. Juni beschränkte sich, wie wir gesehen, auf eine friedliche Straßenprozession. Es waren also keine kriegerischen Lorbeeren gegen sie zu gewinnen. Nichts desto weniger, in dieser Helden= und Ereigniß= armen Zeit verwandelte die Ordnungspartei diese Schlacht ohne Blutvergießen in ein zweites Austerlitz. Tribune und Presse priesen die Armee als die Macht der Ordnung gegenüber den Volksmassen als der Ohnmacht der Anarchie und den Changarnier als das „Bollwerk der Gesellschaft." Mystifikation, an die er schließlich selbst glaubte. Unter der Hand aber wurden die Korps, die zweideutig schienen, aus Paris verlegt, die Regimenter, deren Waffen am demokratischsten ausgefallen waren, aus Frankreich nach Algier verbannt, die unruhigen Köpfe unter den Truppen in Strafabtheilungen verwiesen, endlich die Absperrung der Presse von der Kaserne und der Kaserne von der bürgerlichen Gesellschaft systematisch durchgeführt.

Wir sind hier bei dem entscheidenden Wendepunkte in der Geschichte der französischen Nationalgarde angelangt. 1830 hatte sie den Sturz der Restauration entschieden. Unter Louis Philippe mißglückte jede Emeute, worin die Nationalgarde auf Seite der Truppen stand. Als sie in den Februartagen 1848 sich passiv gegen den Aufstand und zweideutig gegen Louis Philippe zeigte, gab er sich verloren und war er verloren. So hatte die Ueberzeugung Wurzel geschlagen, daß die Revolution nicht ohne, und die Armee nicht gegen die Nationalgarde siegen könne. Es war dies der Aberglaube der Armee an die bürgerliche Allmacht. Die Junitage 1848, wo die gesammte Nationalgarde mit den Linientruppen die Insurrektion niederwarf, hatten den Aberglauben befestigt. Nach Bonaparte's Regierungsantritt sank die Stellung der Nationalgarde einigermaßen durch die konstitutionswidrige Vereinigung ihres Kommandos mit dem Kommando der ersten Militärdivision in der Person Changarnier's.

Wie das Kommando über sie hier als ein Attribut des militärischen Oberbefehlshabers erschien, so sie selbst nur noch als Anhang der Linientruppen. Am 13. Juni endlich wurde sie gebrochen: Nicht nur durch die theilweise Auflösung der Nationalgarde, die sich seit dieser Zeit periodisch an allen Punkten Frankreichs wiederholte und nur Trümmer von ihr zurückließ. Die Demonstration des 13. Juni war vor Allem eine Demonstration der demokratischen Nationalgarden. Sie hatten zwar nicht ihre Waffen, wohl aber ihre Uniformen der Armee gegenübergeführt, aber gerade in dieser Uniform saß der Talisman. Die Armee überzeugte sich, daß diese Uniform ein wollener Lappen wie ein andrer war. Der Zauber ging verloren. In den Junitagen 1848 waren Bourgeoisie und Kleinbürgerthum als Nationalgarde mit der Armee gegen das Proletariat vereinigt, am 13. Juni 1849 ließ die Bourgeoisie die kleinbürgerliche Nationalgarde von der Armee auseinander sprengen, am 2. Dezember 1851 war die Nationalgarde der Bourgeoisie selbst verschwunden und Bonaparte konstatirte nur dies Faktum, als er nachträglich ihr Auflösungsdekret unterschrieb. So hatte die Bourgeoisie selbst ihre letzte Waffe gegen die Armee zerbrochen, aber sie mußte sie zerbrechen von dem Augenblicke, wo das Kleinbürgerthum nicht mehr als Vasall hinter ihr, sondern als Rebell vor ihr stand, wie sie überhaupt alle ihre Vertheidigungsmittel gegen den Absolutismus mit eigner Hand zerstören mußte, sobald sie selbst absolut geworden war.

Die Ordnungspartei feierte unterdeß in der Nationalversammlung die Wiedereroberung einer Macht, die 1848 nur verloren schien, um 1849 von ihren Schranken befreit wiedergefunden zu werden, durch Invektiven gegen die Republik und die Konstitution, durch Verfluchung aller zukünftigen, gegenwärtigen und vergangenen Revolutionen, die eingerechnet, welche ihre eignen Führer gemacht hatten, und in Gesetzen, wodurch die Presse geknebelt, die Assoziation vernichtet und der Belagerungszustand als organisches Institut regulirt wurde. Die Nationalversammlung vertagte sich dann von Mitte August bis Mitte Oktober, nachdem sie eine Permanenzkommission für die Zeit ihrer Abwesenheit ernannt hatte. Während dieser Ferien intriguirten die Legitimisten mit Ems, die Orleanisten mit Claremont, Bonaparte durch prinzliche Rundreisen und die Departementalräthe in Berathungen über die Revision der Verfassung, — Vorfälle, die in den periodischen Ferien der Nationalversammlung regelmäßig wiederkehren und auf die ich erst eingehen will, sobald sie zu Ereignissen werden. Hier sei nur noch bemerkt, daß die Nationalversammlung unpolitisch handelte, als sie für längere Intervalle von der Bühne verschwand und auf der Spitze der Republik nur noch Eine, wenn auch klägliche Gestalt erblicken ließ, die Louis Bonaparte's, während die Partei der Ordnung zum Skandale des Publikums in ihre royalistischen Bestandtheile auseinander und ihren sich widerstreitenden Restaurationsgelüsten nachging. So oft während diesen Ferien der verwirrende Lärm des Parlaments verstummte und sein Körper sich in die Nation auflöste, zeigte sich unverkennbar, daß nur noch Eins fehle, um die wahre Gestalt dieser Republik zu vollenden: Seine Ferien permanent machen und ihre Aufschrift: Liberté, égalité, fraternité, ersetzen durch die unzweideutigen Worte: Infanterie, Cavallerie, Artillerie!

IV.

Mitte Oktober 1849 war die Nationalversammlung zusammengetreten. Am 1. November überraschte Bonaparte sie mit einer Botschaft, worin er die Entlassung des Ministeriums Barrot-Falloux und die Bildung eines neuen Ministeriums anzeigte. Man hat Lakaien nie mit weniger Ceremonien aus dem Dienste gejagt, als Bonaparte seine Minister. Die Fußtritte, die der Nationalversammlung bestimmt waren, erhielt vorläufig hier Barrot u. Comp.

Das Ministerium Barrot war, wie wir gesehen haben, aus Legitimisten und Orleanisten zusammengesetzt, ein Ministerium der Ordnungspartei. Bonaparte hatte desselben bedurft, um die republikanische Konstituante aufzulösen, die Expedition gegen Rom zu bewerkstelligen und die demokratische Partei zu brechen. Hinter diesem Ministerium hatte er sich scheinbar eklipsirt, die Regierungsgewalt in die

Hände der Ordnungspartei abgetreten und die bescheidene Charaktermaske angelegt, die zu Paris die verantwortlichen Garanten der Zeitungspresse tragen, die Maske des homme de paille. Jetzt warf er eine Larve weg, die nicht mehr der leichte Vorhang war, worunter er seine Physiognomie verstecken konnte, sondern die eiserne Maske, die ihn verhinderte, eine eigne Physiognomie zu zeigen. Er hatte das Ministerium Barrot eingesetzt, um im Namen der Ordnungspartei die republikanische Nationalversammlung zu sprengen; er entließ es, um seinen eignen Namen von der Nationalversammlung der Ordnungspartei unabhängig zu erklären.

An plausiblen Vorwänden zu dieser Entlassung fehlte es nicht. Das Ministerium Barrot vernachlässigte selbst die Anstandsformen, die den Präsidenten der Republik als eine Macht neben der Nationalversammlung hätten erscheinen lassen. Während der Ferien der Nationalversammlung veröffentlichte Bonaparte einen Brief an Edgar Ney, worin er das illiberale Auftreten des Pabstes zu mißbilligen schien, wie er im Gegensatz zur Konstituante einen Brief veröffentlicht hatte, worin er Oudinot für den Angriff auf die römische Republik belobte. Als nun die Nationalversammlung das Budget für die römische Expedition votirte, brachte Victor Hugo aus liberalem Interesse jenen Brief zur Sprache. Die Ordnungspartei erstickte den Einfall, als ob Bonaparte's Einfälle irgend ein politisches Gewicht haben könnten, unter verächtlich ungläubigen Ausrufungen. Keiner der Minister nahm den Handschuh für ihn auf. Bei einer andern Gelegenheit ließ Barrot mit seinem bekannten hohlen Pathos Worte der Entrüstung von der Rednerbühne auf die „abominablen Umtriebe" fallen, die nach seiner Aussage in der nächsten Umgebung des Präsidenten vorgingen. Endlich weigerte sich das Ministerium, während es der Herzogin von Orleans einen Wittwengehalt von der Nationalversammlung erwirkte, die Erhöhung der präsidentiellen Civilliste zu beantragen. Und in Bonaparte war der kaiserliche Prätendent so innig verschmolzen mit dem heruntergekommenen Glücksritter, daß die Eine große Idee, er sei berufen, das Kaiserthum zu restauriren, stets von der andern ergänzt ward, das französische Volk sei berufen, seine Schulden zu bezahlen.

Das Ministerium Barrot-Fallour war das erste und letzte parlamentarische Ministerium, das Bonaparte in's Leben rief. Die Entlassung desselben bildet daher einen entscheidenden Wendepunkt. Mit ihm verlor die Ordnungspartei, um ihn nie wieder zu erobern, einen unentbehrlichen Posten für die Behauptung des parlamentarischen Regimes, die Handhabe der Exekutivgewalt. Man begreift sogleich, daß in einem Lande wie Frankreich, wo die Exekutivgewalt über ein Beamtenheer von mehr als einer halben Million von Individuen verfügt, also eine ungeheure Masse von Interessen und Existenzen beständig in der unbedingtesten Abhängigkeit erhält, wo der Staat die bürgerliche Gesellschaft von ihren umfassendsten Lebensäußerungen bis zu ihren unbedeutendsten Regungen hinab, von ihren allgemeinsten Daseinsweisen bis zur Privatexistenz der Individuen umstrickt, kontrollirt, maßregelt, überwacht und bevormundet, wo dieser Parasitenkörper durch die außerordentlichste Centralisation eine Allgegenwart, Allwissenheit, eine beschleunigte Bewegungsfähigkeit und Schnellkraft gewinnt, die nur in der hülflosen Unselbstständigkeit, in der zerfahrenen Unförmlichkeit des wirklichen Gesellschaftskörpers ein Analogon finden, daß in einem solchen Lande die Nationalversammlung mit der Verfügung über die Ministerstellen jeden wirklichen Einfluß verloren gab, wenn sie nicht gleichzeitig die Staatsverwaltung vereinfachte, das Beamtenheer möglichst verringerte, endlich die bürgerliche Gesellschaft und die öffentliche Meinung ihre eignen von der Regierungsgewalt unabhängigen Organe erschaffen ließ. Aber das materielle Interesse der französischen Bourgeoisie ist gerade auf das Innigste mit der Erhaltung jener breiten und vielverzweigten Staatsmaschine verwebt. Hier bringt sie ihre überschüssige Bevölkerung unter und ergänzt in der Form von Staatsgehalten, was sie nicht in der Form von Profiten, Zinsen, Renten und Honoraren einstecken kann. Andrerseits zwang ihr politisches Interesse sie, die Regression, also die Mittel und das Personal der Staatsgewalt täglich zu vermehren, während sie gleichzeitig einen ununterbrochenen Krieg gegen die öffentliche Meinung führen und die selbstständigen Bewegungsorgane der Gesellschaft mißtrauisch verfolgen, verstümmeln, lähmen mußte, wo es ihr nicht gelang sie gänzlich zu amputiren. So war die französische Bourgeoisie durch ihre Klassenstellung gezwungen, einerseits die Lebensbedingungen einer jeden, also auch ihrer eignen parlamentarischen Gewalt zu vernichten, andrerseits die ihr feindliche Exekutivgewalt unwiderstehlich zu machen.

Das neue Ministerium hieß das Ministerium d'Hautpoul. Nicht als hätte General d'Hautpoul den Rang eines Ministerpräsidenten erhalten. Mit Barrot schaffte Bonaparte vielmehr zugleich diese Würde ab, die den Präsidenten der Republik allerdings zur legalen Nichtigkeit eines konstitutionellen Königs verdammte, aber eines konstitutionellen Königs ohne Thron und ohne Krone, ohne Scepter und ohne Schwert, ohne Unverantwortlichkeit, ohne den unverjährbaren Besitz der höchsten Staatswürde, und was das fatalste war, ohne Civilliste. Das Ministerium d'Hautpoul besaß nur einen Mann von parlamentarischem Rufe, den Juden Fould, eins der berüchtigsten Glieder der hohen Finanz. Ihm fiel das Finanzministerium anheim. Man schlage die Pariser Börsennotationen nach und man wird finden, daß vom 1. November 1849 an die französischen Fonds steigen und fallen mit dem Fallen und Steigen der bonapartistischen Aktien. Während Bonaparte so seinen Affiliirten in der Börse gefunden hatte, bemächtigte er sich zugleich der Polizei, indem er Carlier zum Polizeipräfekten von Paris ernannte.

Indeß konnten sich die Folgen des Ministerwechsels erst im Laufe der Entwickelung herausstellen. Zunächst hatte Bonaparte nur einen Schritt vorwärts gethan, um desto augenfälliger rückwärts getrieben zu werden. Seiner barschen Botschaft folgte die servilste Unterthänigkeitserklärung an die Nationalversammlung. So oft die Minister den schüchternen Versuch wagten, seine persönlichen Maroten als Gesetzesvorschläge einzubringen, schienen sie selbst nur widerwillig und durch ihre Stellung gezwungen die komischen Aufträge zu erfüllen, von deren Erfolglosigkeit sie im voraus überzeugt waren. So oft Bonaparte im Rücken der Minister seine Absichten ausplauderte und mit seinen "idées napoléoniennes" spielte, desavouirten ihn die eignen Minister von der Tribüne der Nationalversammlung herab. Seine Usurpationsgelüste schienen nur laut zu werden, damit das schadenfrohe Gelächter der Gegner nicht verstumme. Er gebärdete sich als ein verkanntes Genie, das alle Welt für einen Simpel ausgibt. Nie genoß er in vollerem Maße die Verachtung aller Klassen, als während dieser Periode. Nie herrschte die Bourgeoisie unbedingter, nie trug sie prahlerischer die Insignien der Herrschaft zur Schau.

Ich habe hier nicht die Geschichte ihrer gesetzgeberischen Thätigkeit zu schreiben, die sich während dieser Periode in zwei Gesetzen resumirt: in dem Gesetze, das die Weinsteuer wiederherstellt, in dem Unterrichtsgesetze, das den Unglauben abschafft. Wenn den Franzosen das Weintrinken erschwert, ward ihnen desto reichlicher vom Wasser des wahren Lebens geschenkt. Wenn die Bourgeoisie in dem Gesetze über die Weinsteuer das alte gehässige französische Steuersystem für unantastbar erklärt, sucht sie durch das Unterrichtsgesetz den alten Gemüthszustand der Massen zu sichern, der es ertragen ließ. Man ist erstaunt, die Orleanisten, die liberalen Bourgeois, diese alten Apostel des Voltairianismus und der eklektischen Philosophie, ihren Stammfeinden, den Jesuiten, die Verwaltung des französischen Geistes anvertrauen zu sehen. Aber Orleanisten und Legitimisten konnten in Beziehung auf den Kronprätendenten auseinandergehen, sie begriffen, daß ihre vereinte Herrschaft die Unterdrückungsmittel zweier Epochen zu vereinigen gebot, daß die Unterdrückungsmittel der Julimonarchie durch die Unterdrückungsmittel der Restauration ergänzt und verstärkt werden mußten.

Die Bauern, in allen ihren Hoffnungen getäuscht, durch den niedrigen Stand der Getreidepreise einerseits, durch die wachsende Steuerlast und Hypothekenschuld andrerseits mehr als je erdrückt, begannen sich in den Departements zu regen. Man antwortete ihnen durch die Hetzjagd auf die Schulmeister, die den Geistlichen, durch die Hetzjagd auf die Maires, die dem Präfekten, und durch ein System der Spionage, dem Alle unterworfen wurden. In Paris und den großen Städten trägt die Reaktion selbst die Physiognomie ihrer Epoche und fordert mehr heraus, als sie niederschlägt. Auf dem Lande wird sie platt, gemein, kleinlich, ermüdend, plackend, mit einem Worte Gensdarm. Man begreift, wie drei Jahre vom Régime des Gensdarmen, eingesegnet durch das Régime des Pfaffen unreife Massen demoralisiren mußten.

Welche Summe von Leidenschaft und Deklamation die Ordnungspartei von der Tribune der Nationalversammlung herab gegen die Minorität aufwenden mochte, ihre Rede blieb einsylbig, wie die des Christen, dessen Worte sein sollen: Ja, ja, nein, nein! Einsylbig von der Tribune herab, wie sie in der Presse. Fad wie ein Räthsel, dessen Lösung im voraus bekannt ist. Handelte es sich um Petitionsrecht oder um Weinsteuer, um Preßfreiheit oder um Freihandel, um Klubs oder um Munizipalverfassung, um Schutz der persönlichen Freiheit oder um Regelung des Staatshaushaltes, das Losungswort kehrt immer wieder, das Thema bleibt immer dasselbe, der Urtheilsspruch ist immer fertig und lautet unveränderlich: „Sozialismus"! Für sozialistisch wird selbst der bürgerliche Liberalismus erklärt, für sozialistisch die bürgerliche Aufklärung, für sozialistisch die bürgerliche Finanzreform. Es war sozialistisch, eine Eisenbahn zu bauen, wo schon ein Kanal vorhanden war, und es war sozialistisch, sich mit dem Stocke zu vertheidigen, wenn man mit dem Degen angegriffen wurde.

Es war dies nicht bloße Redeform, Mode, Parteitaktik. Die Bourgeoisie hatte die richtige Einsicht, daß alle Waffen, die gegen den Feudalismus geschmiedet, ihre Spitze gegen sie selbst kehrten, daß alle Bildungsmittel, die sie erzeugt, gegen ihre eigne Civilisation rebellirten, daß alle Götter, die sie geschaffen, von ihr abgefallen waren. Sie begriff, daß alle sogenannten bürgerlichen Freiheiten und Fortschrittsorgane ihre Klassenherrschaft zugleich an der gesellschaftlichen Grundlage und an der politischen Spitze angriffen und bedrohten, also „sozialistisch" geworden waren. In dieser Drohung und in diesem Angriffe fand sie mit Recht das Geheimniß des Sozialismus, dessen Sinn und Tendenz sie richtiger beurtheilt, als der sogenannte Sozialismus sich selbst zu beurtheilen weiß, der daher nicht begreifen kann, wie die Bourgeoisie sich verstockt gegen ihn verschließt, mag er nun sentimental über die Leiden der Menschheit winseln, oder christlich das tausendjährige Reich und die allgemeine Bruderliebe verkünden, oder humanistisch von Geist, Bildung, Freiheit faseln, oder doktrinär ein System der Vermittlung und der Wohlfahrt aller Klassen ausheken. Was sie aber nicht begriff, war die Konsequenz, daß ihr eignes parlamentarisches Régime, daß ihre politische Herrschaft überhaupt nun auch als sozialistisch dem allgemeinen Verdammungsurtheile verfallen mußte. So lange die Herrschaft der Bourgeoisklasse sich nicht vollständig organisirt, nicht ihren reinen politischen Ausdruck gewonnen hatte, konnte auch der Gegensatz der andern Klassen nicht rein hervortreten, und wo er hervortrat, nicht die gefährliche Wendung nehmen, die sofort das Eigenthum, die Religion, die Familie, die Ordnung in Frage stellt, jeden Kampf gegen die Staatsgewalt in einen Kampf gegen das Kapital verwandelt. Wenn sie in jeder Lebensregung der Gesellschaft die „Ruhe" gefährdet sah, wie konnte sie an der Spitze der Gesellschaft das Régime der Unruhe, ihr eignes Régime, das parlamentarische Régime behaupten wollen, dieses Régime, das nach dem Ausdrucke eines ihrer Redner im Kampfe und durch den Kampf lebt? Das parlamentarische Régime lebt von der Diskussion, wie soll es die Diskussion verbieten? Jedes Interesse, jede gesellschaftliche Einrichtung wird hier in allgemeine Gedanken verwandelt, als Gedanken verhandelt, wie soll irgend ein Interesse, irgend eine Einrichtung sich über dem Denken behaupten und als Glaubensartikel imponiren? Der Rednerkampf auf der Tribune ruft den Kampf der Preßbengel hervor, der debattirende Klub im Parlament ergänzt sich nothwendig durch debattirende Klubs in den Salons und in den Kneipen, die Repräsentanten, die beständig an die Volksmeinung appelliren, berechtigen die Volksmeinung in Petitionen ihre wirkliche Meinung zu sagen. Das parlamentarische Régime überläßt Alles der Entscheidung der Majoritäten, wie sollen die großen Majoritäten jenseits des Parlaments nicht entscheiden wollen? Wenn ihr auf dem Gipfel des Staates die Geige streicht, was Andres erwarten, als daß die drunten tanzen?

Indem also die Bourgeoisie, was sie früher als „liberal" gefeiert, jetzt als „sozialistisch" verketzert, gesteht sie ein, daß ihr eignes Interesse gebiete, sie der Gefahr des Selbstregierens zu überheben, daß um die Ruhe im Lande herzustellen, vor Allem das Bourgeois-Parlament zur Ruhe gebracht, um ihre gesellschaftliche Macht unversehrt zu erhalten, ihre politische Macht gebrochen werden müsse, daß die Privatbourgeois nur fortfahren könnten, die andern Klassen zu exploitiren und sich ungetrübt des Eigenthums, der Familie, der Religion und der Ordnung zu erfreuen, unter der Bedingung, daß ihre Klasse neben den andern Klassen zu gleicher politischer Nichtigkeit verdammt werde, daß um ihren Beutel zu retten, die Krone ihr abgeschlagen und das Schwert, das sie beschützen solle, zugleich als Damoklesschwert über ihr eignes Haupt gehängt werden müsse.

In dem Bereiche der allgemeinen bürgerlichen Interessen zeigte sich die Nationalversammlung so unproduktiv, daß z. B. die Verhandlungen über die Paris-Avignoner Eisenbahn, die im Winter 1850 begannen, am 2. Dezember 1851 noch nicht zum Schluß reif waren. Wo sie nicht unterdrückt, reagirte, war sie mit unheilbarer Unfruchtbarkeit geschlagen.

Während Bonaparte's Ministerium theils die Initiative zu Gesetzen im Geiste der Ordnungspartei ergriff, theils ihre Härte in der Ausführung und Handhabung derselben noch übertrieb, suchte er andrerseits durch kindisch alberne Vorschläge Popularität zu erobern, seinen Gegensatz zur Nationalversammlung zu konstatiren und auf einen geheimen Hinterhalt hinzudeuten, der nur durch die Verhältnisse einstweilen verhindert werde, dem französischen Volke seine verborgenen Schätze zu spenden. So der Vorschlag, den Unteroffizieren eine tägliche Zulage von vier Sous zu dekretiren. So der Vorschlag einer Ehrensoldbank für die Arbeiter. Geld geschenkt und Geld gepumpt zu erhalten, das war die Perspektive, womit er die Massen zu ködern hoffte. Schenken und Pumpen, darauf beschränkt sich die Finanzwissenschaft des Lumpenproletariats, des vornehmen und des gemeinen. Darauf beschränkten sich die Springfedern, die Bonaparte in Bewegung zu setzen wußte. Nie hat ein Prätendent platter auf die Plattheit der Massen spekulirt.

Die Nationalversammlung brauste wiederholt auf bei diesen unverkennbaren Versuchen auf ihre Kosten Popularität zu erwerben, bei der wachsenden Gefahr, daß dieser Abentheurer, den die Schulden vorwärtshetzten, und kein erworbener Ruf zurückhielt, einen verzweifelten Streich wagen werde. Die Verstimmung zwischen der Ordnungspartei und dem Präsidenten hatte einen drohenden Charakter angenommen, als ein unerwartetes Ereigniß ihn reuig in ihre Arme zurückwarf. Wir meinen die Nachwahlen vom 10. März 1850. Diese Wahlen fanden statt, um die Repräsentantenstellen, die nach dem 13. Juni durch das Gefängniß oder das Exil erledigt worden waren, wieder zu besetzen. Paris wählte nur sozialdemokratische Kandidaten. Es vereinte sogar die meisten Stimmen auf einen Insurgenten des Juni 1848, auf Deflotte. So rächte sich das mit dem Proletariat alliirte Pariser Kleinbürgerthum für seine Niederlage am 13. Juni 1849. Es schien im Augenblick der Gefahr nur vom Kampfplatz verschwunden zu sein, um ihn bei günstiger Gelegenheit mit massenhafteren Streitkräften und mit einer kühnern Kampfparole wieder einzunehmen. Ein Umstand schien die Gefahr dieses Wahlsieges zu erhöhen. Die Armee stimmte in Paris für den Juniinsurgenten gegen Lahitte, einen Minister Bonaparte's, und in den Departements zum großen Theil für die Montagnards, die auch hier, zwar nicht so entschieden wie in Paris, das Uebergewicht über ihre Gegner behaupteten.

Bonaparte sah sich plötzlich wieder die Revolution gegenüber erstehen. Wie am 29. Januar 1849, wie am 13. Juni 1849, verschwand er am 10. März 1850 hinter der Partei der Ordnung. Er beugte sich, er that kleinmüthig Abbitte, er erbot sich auf Befehl der parlamentarischen Majorität jedes beliebige Ministerium zu ernennen, er flehte sogar die orleanistischen und legitimistischen Parteiführer, die Thiers, die Berryer, die Broglio, die Molé, kurz die sogenannten Burggrafen an, das Staatsruder in eigner Person zu ergreifen. Die Partei der Ordnung wußte diesen unwiederbringlichen Augenblick nicht zu benutzen. Statt sich kühn der angebotenen Gewalt zu bemächtigen, zwangen sie Bonaparte nicht einmal, das am 1. November entlassene Ministerium wieder einzusetzen; sie begnügten sich, ihn durch die Verzeihung zu demüthigen und dem Ministerium d'Hautpoul Herrn Baroche beizugesellen. Herr Baroche hatte als öffentlicher Ankläger, das eine Mal gegen die Revolutionärz vom 15. Mai, das andre Mal gegen die Demokraten des 13. Juni vor dem Hochgerichte zu Bourges gewüthet, beide Male wegen Attentat auf die Nationalversammlung. Keiner der Minister Bonaparte's trug später mehr dazu bei, die Nationalversammlung herabzuwürdigen, und nach dem 2. Dezember 1851 finden wir ihn wieder als wohlbestallten und theuer bezahlten Vizepräsidenten des Senats. Er hatte den Revolutionären in die Suppe gespuckt, damit Bonaparte sie aufesse.

Die sozial-demokratische Partei ihrerseits schien nur nach Vorwänden zu haschen, um ihren eignen Sieg wieder in Frage zu stellen und ihm die Pointe abzubrechen. Vidal, einer der neu erwählten Pariser Repräsentanten war gleichzeitig in Straßburg gewählt worden. Man bewog ihn, die Wahl für Paris abzulehnen und die für Straßburg anzunehmen. Statt also ihrem Siege auf dem Wahlplatze einen definitiven Charakter zu geben und dadurch die Ordnungspartei zu zwingen, ihn sofort im Parlamente streitig zu machen, statt so den Gegner im Augenblick des Volksenthusiasmus und der günstigen Stimmung der Armee zum Kampfe zu treiben, ermüdete die demokratische Partei Paris während der Monate März und April mit einer neuen Wahlagitation, ließ die aufgeregten Volkseigenschaften in diesem abermaligen provisorischen Stimmenspiele sich aufreiben, die revolutionäre Thatkraft in konstitutionellen Erfolgen sich sättigen, in kleinen Intriguen, hohlen Deklamationen und Scheinbewegungen verpuffen, die Bourgeoisie sich sammeln und ihre Vorkehrungen treffen, endlich die Bedeutung der Märzwahlen in der nachträglichen Aprilwahl, in der Wahl Eugen Sue's einen sentimental abschwächenden Kommentar finden. Mit einem Worte, sie schickte den 10. März in den April.

Die parlamentarische Majorität begriff die Schwäche ihres Gegners. Ihre siebzehn Burggrafen, denn Bonaparte hatte ihr die Leitung und die Verantwortlichkeit des Angriffs überlassen, arbeiteten ein neues Wahlgesetz aus, dessen Vorlage dem Minister Faucher, der sich diese Ehre ausbat, anvertraut wurde. Am 8. Mai brachte er das Gesetz ein, wodurch das allgemeine Wahlrecht abgeschafft, ein dreijähriges Domizil an dem Orte der Wahl den Wählern als Bedingung auferlegt, endlich der Nachweis dieses Domizils für die Arbeiter von dem Zeugnisse ihrer Arbeitgeber abhängig gemacht wurde.

Wie revolutionär die Demokraten während des konstitutinellen Wahlkampfes aufgeregt und getobt hatten, so konstitutionell predigten sie jetzt, wo es galt, mit den Waffen in der Hand dem Ernst jener Wahlsiege zu beweisen, Ordnung, majestätische Ruhe (calme majestueux), gesetzliche Haltung d. h. blinde Unterwerfung unter den Willen der Kontrerevolution, der sich als Gesetz breit machte. Während der Debatte beschämte der Berg die Partei der Ordnung, indem er ihrer revolutionären Leidenschaftlichkeit gegenüber die leidenschaftslose Haltung des Biedermanns geltend machte, der den Rechtsboden behauptet, und indem er sie mit dem furchtbaren Vorwurfe zu Boden schlug, daß sie revolutionär verfahre. Selbst die neugewählten Deputirten bemühten sich durch anständiges und besonnenes Auftreten zu beweisen, welche Verkennung es war, sie als Anarchisten zu verschreien und ihre Wahl als einen Sieg der Revolution auszulegen. Am 31. Mai ging das neue Wahlgesetz durch. Die Montagne begnügte sich damit, dem Präsidenten einen Protest in die Tasche zu schmuggeln. Dem Wahlgesetz folgte ein neues Preßgesetz, wodurch die revolutionäre Zeitungspresse vollständig biseitigt wurde. Sie hatte ihr Schicksal verdient. "National" und "la Presse," zwei bürgerliche Organe, blieben nach dieser Sündfluth als äußerste Vorposten der Revolution zurück.

Wir haben gesehen, wie die demokratischen Führer während März und April Alles gethan hatten, um das Volk von Paris in einen Scheinkampf zu verwickeln, wie sie nach dem 8. Mai Alles thaten, um es vom wirklichen Kampfe abzuhalten. Wir dürfen zudem nicht vergessen, daß das Jahr 1850 eines der glänzendsten Jahre industrieller und kommerzieller Prosperität, also das Pariser Proletariat vollständig beschäftigt war. Allein das Wahlgesetz vom 31. Mai 1850 schloß es von aller Theilnahme an der politischen Gewalt aus. Es schnitt ihm das Kampfterrain selbst ab. Es warf die Arbeiter in die Pariastellung zurück, die sie vor der Februarrevolution eingenommen hatten. Indem sie einem solchen Ereignisse gegenüber sich von den Demokraten lenken lassen und das revolutionäre Interesse ihrer Klasse über einem augenblicklichen Wohlbehagen vergessen konnten, verzichteten sie auf die Ehre eine erobernde Macht zu sein, unterwarfen sich ihrem Schicksale, bewiesen daß die Niederlage vom Juni 1848 sie für Jahre kampfunfähig gemacht hatte und daß der geschichtliche Prozeß zunächst wieder über ihren Köpfen vor sich gehen müsse. Was die kleinbürgerliche Demokratie betrifft, die am 13. Juni geschrien hatte, „aber wenn erst das allgemeine Wahlrecht angetastet wird, aber dann!" so tröstete sie sich jetzt damit, daß der kontrerevolutionäre Schlag, der sie getroffen, kein Schlag und das Gesetz vom 31. Mai kein Gesetz sei. Am 2. Mai 1852 erscheint jeder Franzose auf dem Wahlplatze, in der einen Hand den Stimmzettel, in der andern das Schwert. Mit dieser Prophezeihung that sie sich selbst Genüge. Die Armee endlich wurde, wie für die Wahlen am 29. Mai 1849, so für die vom März und April 1850 von ihren Vorgesetzten gezüchtigt. Diesmal sagte sie sich aber entschieden: „die Revolution prellt uns nicht zum dritten Mal."

Das Gesetz vom 31. Mai 1850 war der coup d'état der Bourgeoisie. Alle ihre bisherigen Eroberungen über die Revolution hatten einen nur provisorischen Charakter. Sie waren in Frage gestellt, sobald die jetzige Nationalversammlung von der Bühne abtrat. Sie hingen von dem Zufall einer neuen allgemeinen Wahl ab und die Geschichte der Wahlen seit 1848 bewies unwiderleglich, daß in demselben Maße wie die faktische Herrschaft der Bourgeoisie sich entwickelte, ihre moralische Herrschaft über die Volksmassen verloren ging. Das allgemeine Wahlrecht erklärte sich am 10. März direkt gegen die Herrschaft der Bourgeoisie, die Bourgeoisie antwortete mit der Achtung des allgemeinen Wahlrechts. Das Gesetz vom 31. Mai war also eine der Nothwendigkeiten des Klassenkampfes. Andrerseits erheischte die Konstitution, damit die Wahl des Präsidenten der Republik gültig sei, ein Minimum von zwei Millionen Stimmen. Erhielt keiner der Präsidentschaftskandidaten das Minimum, so sollte die Nationalversammlung unter den drei Kandidaten, denen die meisten Stimmen zufallen würden, den Präsidenten wählen. Zur Zeit, wo die Konstituante dies Gesetz machte, waren zehn Millionen Wähler auf den Stimmlisten eingeschrieben. In ihrem Sinne reichte also ein Fünftel der Wahlberechtigten hin, um die Präsidentschaftswahl gültig zu machen. Das Gesetz vom 31. Mai strich wenigstens drei Millionen Stimmen von den Wahllisten, reduzirte die Zahl der Wahlberechtigten auf sieben Millionen und behielt nichts desto weniger das gesetzliche Minimum von zwei Millionen für die Präsidentschaftswahl bei. Es erhöhte also das gesetzliche Minimum von ein Fünftel auf beinahe ein Drittel der wahlfähigen Stimmen, d. h. es that Alles, um die Präsidentenwahl aus den Händen des Volkes in die Hände der Nationalversammlung hinüberzuschmuggeln. So schien die Partei der Ordnung durch das Wahlgesetz vom 31. Mai ihre Herrschaft doppelt befestigt zu haben, indem sie die Wahl der Nationalversammlung und des Präsidenten der Republik dem stationären Theil der Gesellschaft anheimgab.

V.

Der Kampf brach sofort wieder aus zwischen der Nationalversammlung und Bonaparte, sobald die revolutionäre Krise überdauert und das allgemeine Wahlrecht abgeschafft war.

Die Konstitution hatte das Gehalt Bonaparte's auf 600,000 Francs festgesetzt. Kaum ein halbes Jahr nach seiner Installirung gelang es ihm, diese Summe auf das Doppelte zu erhöhen. Odilon Barrot ertrotzte nämlich von der konstituirenden Nationalversammlung einen jährlichen Zuschuß von 600,000 Francs für sogenannte Repräsentationsgelder. Nach dem 13. Juni hatte Bonaparte ähnliche Anliegen verlauten lassen, ohne diesmal bei Barrot Gehör zu finden. Jetzt nach dem 31. Mai benutzte er sofort den günstigen Augenblick und ließ seine Minister eine Civilliste von drei Millionen in der Nationalversammlung beantragen. Ein langes abentheuerndes Vagabundenleben hatte ihn mit den entwickeltsten Fühlhörnern begabt, um die schwachen Momente herauszutasten, wo er seinem Bourgeois Geld abpressen durfte. Er trieb förmliche Chantage. Die Nationalversammlung hatte die Volkssouveränität mit seiner Mithülfe und seinem Mitwissen geschändet. Er drohte ihr Verbrechen dem Volksgerichte zu denunziren, falls sie nicht den Beutel ziehe und sein Stillschweigen mit drei Millionen jährlich erkaufe. Sie hatte drei Millionen Franzosen ihres Stimmrechts beraubt. Er verlangte für jeden außer Cours gesetzten Franzosen einen Cours habenden Franken, genau drei Millionen Francs. Er, der Erwählte von sechs Millionen fordert Schadenersatz für die Stimmen, um die man ihn nachträglich geprellt hatte. Die Kommission der Nationalversammlung wies den Zudringlichen ab. Die bonapartistische Presse drohte. Konnte die Nationalversammlung mit dem Präsidenten der Republik brechen in einem Augenblicke, wo sie prinzipiell und definitiv mit der Masse der Nation gebrochen hatte? Sie verwarf zwar die jährliche Civilliste, aber sie bewilligte einen einmaligen Zuschuß von 2,160,000 Francs. Sie machte sich so der doppelten Schwäche schuldig, das Geld zu bewilligen und zugleich durch ihren Aerger zu zeigen, daß sie es nur widerwillig bewilligt. Wir werden später sehen, wozu Bonaparte das Geld brauchte. Nach diesem ärgerlichen Nachspiel, das der Abschaffung des allgemeinen Stimmrechts auf dem Fuße folgte, und worin Bonaparte seine demüthige Haltung während der Krise des März und April mit herausfordernder Unverschämtheit gegen das usurpatorische Parlament vertauschte, vertagte sich die Nationalversammlung für zwei Monate, vom 11. August bis 11. November. Sie ließ an ihrer Stelle eine Permanenzkommission von 18 Mitgliedern zurück, die keinen Bonapartisten enthielt, wohl aber einige gemäßigte Republikaner. Die Permanenzkommission vom Jahre 1849 hatte nur Männer der Ordnung und Bonapartisten gezählt. Aber damals erklärte sich die Partei der Ordnung in Permanenz gegen die Revolution. Diesmal erklärte sich die parlamentarische Republik in Permanenz gegen den Präsidenten. Nach dem Gesetze vom 31. Mai stand der Partei der Ordnung nur noch dieser Rival gegenüber.

Als die Nationalversammlung im November 1850 wieder zusammentrat, schien statt ihrer bisherigen kleinlichen Plänkeleien mit dem Präsidenten ein großer rücksichtsloser Kampf, ein Kampf der beiden Gewalten auf Leben und Tod unvermeidlich geworden zu sein.

Wie im Jahre 1849 war die Partei der Ordnung während der diesjährigen Parlamentsferien in ihre einzelnen Fraktionen aus einander gegangen, jede mit ihren eignen Restaurationsintriguen beschäftigt, die durch den Tod Louis Philippe's neue Nahrung erhalten hatten. Der Legitimistenkönig Heinrich V. hatte sogar ein förmliches Ministerium ernannt, das zu Paris residirte und Mitglieder der Permanenzkommission unter sich zählte. Bonaparte war also berechtigt, seinerseits Rundreisen durch die französischen Departements zu machen und je nach der Stimmung der Stadt, die er mit seiner Gegenwart beglückte, bald versteckter, bald offener seine eignen Restaurationspläne auszuplaudern und Stimmen für sich zu werben.

Auf diesen Zügen, die der große offizielle Moniteur und die kleinen Privatmoniteure Bonaparte's natürlich als Triumphzüge feiern mußten, war er fortwährend begleitet von Affiliirten der Gesellschaft des 10. Dezember. Diese Gesellschaft datirt noch vom Jahre 1849. Unter dem Vorwande eine Wohlthätigkeitsgesellschaft zu stiften, war das Pariser Lumpenproletariat in geheime Sektionen organisirt worden, jede Sektion von bonapartistischen Agenten geleitet, an der Spitze des Ganzen ein bonapartistischer General. Neben zerrütteten Roués der Aristokratie mit zweideutigen Subsistenzmitteln und von zweideutiger Herkunft, neben verkommenen und abentheuernden Ablegern der Bourgeoisie Vagabunden, entlassene Soldaten, entlassene Zuchthaussträflinge, entlaufene Galeerensklaven, Gauner, Gaukler, Lazzaronis, Taschendiebe, Taschenspieler, Spieler, Maquereaus, Bordellhalter, Lastträger, Tagelöhner, Orgeldreher, Lumpensammler, Scheerenschleifer, Kesselflicker, Bettler, kurz die ganze unbestimmte, aufgelöste, hin und hergeworfene Masse, die die Franzosen la Bohême nennen, mit diesem ihm verwandten Elemente bildete Bonaparte den Stock der Gesellschaft vom 10. Dezember. „Wohlthätigkeitsgesellschaft" — in sofern alle Mitglieder wie Bonaparte das Bedürfniß fühlten, sich auf Kosten der arbeitenden Nation wohlzuthun. Dieser Bonaparte, der sich als Chef des Lumpenproletariats konstituirt, der hier allein in massenhafter Form die Interessen wiederfindet, die er persönlich verfolgt, der in diesem Auswurfe, Abfall, Abhub aller Klassen die einzige Klasse erkennt, auf die er sich unbedingt stützen kann, er ist der wirkliche Bonaparte, der Bonaparte sans phrase, unverkennbar selbst dann noch, wenn er später allmächtig neben den Revolutionären einem Theile seiner alten Mitverschwörer die Schuld dadurch abträgt, daß er sie nach Cayenne transportirt. Alter durchtriebener Roué faßt er das geschichtliche Leben der Völker und die Haupt- und Staatsaktionen derselben als Komödie im ordinärsten Sinne, als eine Maskerade, wo die großen Kostüme, Worte und Posituren nur der kleinlichsten Lumperei als Maske dienen. So bei seinem Zuge nach Straßburg, wo ein eingeschulter Schweizer Geier den napoleonischen Adler vorstellte. Für seinen Einfall in Boulogne steckt er einige Londoner Lakaien in französische Uniformen. Sie stellen die Armee vor. In seiner Gesellschaft vom 10. Dezember sammelt er 10,000 Lumpenkerls, die das Volk vorstellen müssen, wie Klaus Zettel den Löwen. In einem Augenblicke, wo die Bourgeoisie selbst die vollständigste Komödie spielte, aber in der ernsthaftesten Weise von der Welt, ohne irgend eine der pedantischen Bedingungen der französischen dramatischen Etikette zu verletzen, und selbst halb geprellt, halb überzeugt von der Feierlichkeit ihrer eignen Haupt- und Staatsaktionen, mußte der Abentheurer siegen, der die Komödie platt als Komödie nahm. Erst wenn er seinen feierlichen Gegner beseitigt hat, wenn er nun selbst seine kaiserliche Rolle im Ernste nimmt und mit der napoleonischen Maske den wirklichen Napoleon vorzustellen meint, wird er das Opfer seiner eignen Weltanschauung, der ernsthafte Hanswurst, der nicht mehr die Weltgeschichte als eine Komödie, sondern seine Komödie als Weltgeschichte nimmt. Was für die sozialistischen Arbeiter die Nationalateliers, was für die Bourgeois-Republikaner die Gardes mobiles, das war für Bonaparte die Gesellschaft vom 10. Dezember, die ihm eigenthümliche Parteistreitkraft. Auf seinen Reisen mußten die auf der Eisenbahn verpackten Abtheilungen derselben ihm ein Publikum improvisiren, den öffentlichen Enthusiasmus aufführen, vive l'Empereur heulen, die Republikaner insultiren und durchprügeln, natürlich unter dem Schutze der Polizei. Auf seinen Rückfahrten nach Paris mußten sie die Avantgarde bilden, Gegendemonstrationen zuvorkommen oder sie auseinanderjagen. Die Gesellschaft vom 10. Dezember gehörte ihm, sie war sein Werk, sein eigenster Gedanke. Was er sich sonst aneignet, gibt ihm die Macht der Verhältnisse anheim, was er sonst thut, thun die Verhältnisse für ihn oder begnügt er sich von den Thaten Andrer zu kopiren; aber er, mit den offiziellen Redensarten der Ordnung, der Religion, der Familie, des Eigenthums öffentlich vor den Bürgern, hinter sich die geheime Gesellschaft der Schufterles und der Spiegelbergs, die Gesellschaft der Unordnung, der Prostitution und des Diebstahls, das ist Bonaparte selbst als Originalautor und die Geschichte der Gesellschaft des 10. Dezember ist seine eigne Geschichte. Es hatte sich nun ereignet, daß ausnahmsweise der Ordnungspartei angehörige Volksrepräsentanten unter die Stöcke der Dezembristen geriethen. Noch mehr. Der der Nationalversammlung zugewiesene, mit der Bewachung ihrer Sicherheit beauftragte Polizeikommissär Yon hatte auf die Aussage eines gewissen Alais hin der Permanenzkommission angezeigt, daß eine Sektion der Dezembristen die Ermordung des Generals Changarnier und Dupin's, des Präsidenten der Nationalversammlung, beschlossen und zu deren Vollstreckung schon die Individuen bestimmt habe. Man begreift den Zorn des Herrn Dupin. Eine parlamentarische Enquete über die Gesellschaft vom 10. Dezember, d. h. die Profanirung der bonaparte'schen Geheimwelt, schien unvermeidlich. Grade vor dem Zusammentritt der Nationalversammlung löste Bonaparte vorsorglich seine Gesellschaft auf, natürlich nur auf dem Papiere, denn noch Ende 1851 suchte der Polizeipräfekt Carlier in einem ausführlichen Memoire ihn vergeblich zur wirklichen Auseinanderjagung der Dezembristen zu bewegen.

Die Gesellschaft vom 10. Dezember sollte so lange die Privatarmee Bonaparte's bleiben, bis es ihm gelang, die öffentliche Armee in eine Gesellschaft vom 10. Dezember zu verwandeln. Bonaparte machte hierzu den ersten Versuch kurz nach Vertagung der Nationalversammlung, und zwar mit dem eben ihr abgetrotzten Gelde. Als Fatalist lebt er der Ueberzeugung, daß es gewisse höhere Mächte gibt, denen der Mensch und insbesondere der Soldat nicht widerstehen kann. Unter diese Mächte zählt er in erster Linie Cigarre und Champagner, mit kaltem Geflügel und Knoblauchswurst. Er traktirt daher in den Gemächern des Elysée zuerst Offiziere und Unteroffiziere mit Cigarre und Champagner, mit kaltem Geflügel und Knoblauchswurst. Am 3. Oktober wiederholt er dieses Manöver mit den Truppenmassen bei der Revue von St. Maur und am 10. Oktober dasselbe Manöver auf noch größerer Stufenleiter bei der Armeeschau von Satory. Der Onkel erinnerte sich der Feldzüge Alexander's in Asien, der Neffe der Eroberungszüge des Bachus in demselben Lande. Alexander war allerdings ein Halbgott, aber Bachus war ein Gott und dazu der Schutzgott der Gesellschaft vom 10. Dezember.

Nach der Revue vom 3. Oktober lud die Permanenzkommission den Kriegsminister d'Hautpoul vor sich. Er versprach, jene Disziplinarwidrigkeiten sollten sich nicht wiederholen. Man weiß, wie Bonaparte am 10. Oktober d'Hautpoul's Wort hielt. In beiden Revuen hatte Changarnier kommandirt als Oberbefehlshaber der Armee von Paris. Er, zugleich Mitglied der Permanenzkommission, Chef der Nationalgarde, „Retter" vom 29. Januar und 13. Juni, „Bollwerk der Gesellschaft," Candidat der Ordnungspartei für die Präsidentenwürde, der geahnte Monk zweier Monarchien, hatte bisher nie seine Unterordnung unter den Kriegsminister anerkannt, die republikanische Konstitution stets offen verhöhnt, Bonaparte mit einer zweideutig vornehmen Protektion verfolgt. Jetzt eiferte er für die Disziplin gegen den Kriegsminister und für die Konstitution gegen Bonaparte. Während am 10. Oktober ein Theil der Kavallerie den Ruf "vive Napoleon! vive les soucissons!" ertönen ließ, veranstaltete Changarnier, daß wenigstens die unter dem Kommando seines Freundes Neumeyer vorbeidefilirende Infanterie ein eisiges Stillschweigen beobachtete. Zur Strafe entsetzte der Kriegsminister auf Bonaparte's Antrieb den General Neumeyer seines Postens in Paris, unter dem Vorwand, ihn als Obergeneral der 14. und 15. Militärdivision zu bestellen. Neumeyer schlug diesen Stellenwechsel aus und mußte so seine Entlassung nehmen. Changarnier seinerseits veröffentlichte am 2. November eine Tagesordnung, worin er den Truppen verbot, politische Ausrufungen und Demonstrationen irgend einer Art sich unter den Waffen zu erlauben. Die elyseischen Blätter griffen Changarnier an, die Blätter der Ordnungspartei Bonaparte, die Permanenzkommission wiederholte geheime Sitzungen, worin wiederholt beantragt wurde, das Vaterland in Gefahr zu erklären, die Armee schien in zwei feindliche Lager getheilt mit zwei feindlichen Generalstäben, der eine im Elysée, wo Bonaparte, der andere in den Tuilerien, wo Changarnier hauste. Es schien nur des Zusammentritts der Nationalversammlung zu bedürfen, damit das Signal zum Kampfe erschalle. Das französische Publikum beurtheilte diese Reibungen zwischen Bonaparte und Changarnier wie jener englische Journalist, der sie mit folgenden Worten charakterisirt hat: „Die politischen Hausmägde Frankreichs kehren die glühende Lava der Revolution mit alten Besen weg, und keifen sich aus, während sie ihre Arbeit verrichten."

Unterdeß beeilte sich Bonaparte, den Kriegsminister d'Hautpoul zu entsetzen, ihn Hals über Kopf nach Algier zu spediren und an seine Stelle General Schramm zum Kriegsminister zu ernennen. Am 12. November sandte er der Nationalversammlung eine Botschaft von amerikanischer Weitläufigkeit, überladen mit Details, ordnungsduftend, versöhnungslüstern, konstitutionell-resignirt, von Allem und Jedem handelnd, nur nicht von den questions brûlantes des Augenblicks. Wie im Vorbeigehen ließ er die Worte fallen, daß den ausdrücklichen Bestimmungen der Konstitution gemäß der Präsident allein über die Armee verfüge. Die Botschaft schloß mit folgenden hochbetheuernden Worten:

„Frankreich verlangt vor allem Andern Ruhe.... Allein durch einen Eid gebunden, werde ich mich innerhalb der engen Grenzen halten, die er mir gezogen hat.... Was mich betrifft, vom Volke erwählt, und ihm allein meine Macht schuldend, ich werde mich stets seinem gesetzlich ausgedrückten Willen fügen. Beschließt Ihr in dieser Sitzung die Revision der Konstitution, so wird eine konstituirende Versammlung die Stellung der Exekutivgewalt regeln. Wo nicht, so wird das Volk 1852 feierlich seinen Entschluß verkünden. Was aber immer die Lösungen der Zukunft sein mögen, laßt uns zu einem Verständniß kommen, damit niemals Leidenschaft, Ueberraschung oder Gewalt über das Schicksal einer großen Nation entscheide..... Was vor Allem meine Aufmerksamkeit in Anspruch nimmt, ist nicht, zu wissen, wer 1852 über Frankreich regieren wird, sondern die Zeit, die zu meiner Verfügung steht, so zu verwenden, daß die Uebergangszeit ohne Agitation und Störung vorübergehe. Ich habe mit Aufrichtigkeit mein Herz vor Euch eröffnet, Ihr werdet meiner Offenheit mit Eurem Vertrauen antworten, meinen guten Strebungen durch Eure Mitwirkungen, und Gott wird das Uebrige thun."

Die honette, heuchlerisch gemäßigte, tugendhaft gemeinplätzliche Sprache der Bourgeoisie offenbart ihren tiefsten Sinn im Munde des Selbstherrschers der Gesellschaft vom 10. Dezember und des Piknikhelden von St. Maur und Satory.

Die Burggrafen der Ordnungspartei täuschten sich keinen Augenblick über das Vertrauen, das diese Herzenseröffnung verdiene. Ueber Eide waren sie längst blasirt, sie zählten Veteranen, Virtuosen des politischen Meineids in ihrer Mitte, Sie hatten die Stelle über die Armee nicht überhört. Sie bemerkten mit Unwillen, daß die Botschaft in der weitschweifigen Aufzählung der jüngst erlassenen Gesetze das wichtigste Gesetz, das Wahlgesetz, mit affektirtem Stillschweigen überging und vielmehr im Falle der Nichtrevision der Verfassung die Wahl des Präsidenten für 1852 dem Volke anheimstellte. Das Wahlgesetz war die Bleikugel an den Füßen der Ordnungspartei, die sie am Gehen verhinderte und nun gar am Stürmen! Zudem hatte Bonaparte durch die amtliche Auflösung der Gesellschaft vom 10. Dezember und die Entlassung des Kriegsministers d'Hautpoul die Sündenböcke mit eigener Hand auf dem Altare des Vaterlandes geopfert. Er hatte der erwarteten Kollision die Spitze abgebrochen. Endlich suchte die Ordnungspartei selbst ängstlich jeden entscheidenden Conflikt mit der Exekutivgewalt zu umgehen, abzuschwächen, zu vertuschen. Aus Furcht, die Eroberungen über die Revolution zu verlieren, ließen sie ihren Rivalen die Früchte derselben gewinnen. „Frankreich verlangt vor allem Andern Ruhe." So rief die Ordnungspartei der Revolution seit Februar zu, so rief Bonaparte's Botschaft der Ordnungspartei zu. „Frankreich verlangt vor Allem Ruhe." Bonaparte beging Handlungen, die auf Usurpation hinzielten, aber die Ordnungspartei beging die „Unruhe," wenn sie Lärm über diese Handlungen schlug und sie hypochondrisch auslegte. Die Würste von Satory waren

5

mausstill, wenn Niemand von ihnen sprach. „Frankreich verlangt vor Allem Ruhe." Also verlangte Bonaparte, daß man ihn ruhig gewähren lasse, und die parlamentarische Partei war von doppelter Furcht gelähmt, von der Furcht die revolutionäre Unruhe wieder heraufzubeschwören, von der Furcht selbst als der Unruhstifter in den Augen ihrer eignen Klasse, in den Augen der Bourgeoisie zu erscheinen. Da Frankreich also vor allem Andern Ruhe verlangte, wagte die Ordnungspartei nicht, nachdem Bonaparte in seiner Botschaft „Frieden" gesprochen hatte, „Krieg" zu antworten. Das Publikum, das sich mit großen Skandalscenen bei Eröffnung der Nationalversammlung geschmeichelt hatte, wurde in seinen Erwartungen geprellt. Die Oppositionsdeputirten, die Vorlage der Protokolle der Permanenzkommission über die Oktoberereignisse verlangten, wurden von der Majorität überstimmt. Man floh prinzipiell alle Debatten, die aufregen konnten. Die Arbeiten der Nationalversammlung während November und Dezember waren ohne Interesse.

Endlich gegen Ende Dezember begann der Guerillakrieg um einzelne Prärogative des Parlaments. In kleinlichen Chikanen um die Prärogative der beiden Gewalten versumpfte die Bewegung, seitdem die Bourgeoisie mit der Abschaffung des allgemeinen Wahlrechts den Klassenkampf zunächst abgemacht hatte.

Gegen Mauguin, einen der Volksrepräsentanten, war Schulden halber ein gerichtliches Urtheil erwirkt worden. Auf Anfrage des Gerichtspräsidenten erklärte der Justizminister Rouher, es sei ohne weitere Umstände ein Verhaftsbefehl gegen den Schuldner auszufertigen. Mauguin wurde also in den Schuldthurm geworfen. Die Nationalversammlung brauste auf, als sie das Attentat erfuhr. Sie verordnete nicht nur seine sofortige Freilassung, sondern ließ ihn auch noch denselben Abend von ihrem Greffier gewaltsam aus Clichy herausholen. Um jedoch ihren Glauben an die Heiligkeit des Privateigenthums zu bewähren, und mit dem Hintergedanken, im Nothfall ein Asyl für lästig gewordene Montagnards zu eröffnen, erklärte sie die Schuldhaft von Volksrepräsentanten nach vorheriger Einholung ihrer Erlaubniß für zulässig. Sie vergaß zu dekretiren, daß auch der Präsident Schulden halber eingesperrt werden könne. Sie vernichtete den letzten Schein von Unverletzlichkeit, der die Glieder ihres eigenen Körpers umgab.

Man erinnert sich, daß der Polizeikommissär Yon eine Sektion der Dezembristen auf Aussage eines gewissen Alais hin wegen Mordplans auf Dupin und Changarnier denunzirt hatte. Gleich in der ersten Sitzung machten die Quästoren mit Bezug hierauf den Vorschlag, eine eigne parlamentarische Polizei zu bilden, besoldet aus dem Privatbudget der Nationalversammlung und durchaus unabhängig von dem Polizeipräfekten. Der Minister des Innern, Baroche, hatte gegen diesen Eingriff in sein Resort protestirt. Man schloß darauf einen elenden Kompromiß, wonach der Polizeikommissär der Versammlung zwar aus ihrem Privatbudget besoldet und von ihren Quästoren ein= und abgesetzt werden solle, aber nach vorheriger Verständigung mit dem Minister des Innern. Unterdessen war Alais gerichtlich von der Regierung verfolgt worden und hier war es leicht, seine Aussagen als eine Mystifikation darzustellen und durch den Mund des öffentlichen Anklägers einen lächerlichen Schein auf Dupin, Changarnier, Yon und die ganze Nationalversammlung zu werfen. Jetzt am 29. Dezember schreibt der Minister Baroche einen Brief an Dupin, worin er die Entlassung Yon's verlangt. Das Bureau der Nationalversammlung beschließt Yon in seiner Stelle zu erhalten, aber die Nationalversammlung, über ihre Gewaltsamkeit in Mauguin's Angelegenheit erschreckt, und gewohnt, wenn sie einen Schlag gegen die Exekutivgewalt gewagt hat, zwei Schläge von ihr in Austausch zurückzuerhalten, sanktionirt diesen Beschluß nicht. Sie entläßt Yon zur Belohnung seines Diensteifers und beraubt sich einer parlamentarischen Prärogative, unerläßlich gegen einen Menschen, der nicht in der Nacht beschließt, um bei Tage auszuführen, sondern bei Tage beschließt und in der Nacht ausführt.

Wir haben gesehen, wie die Nationalversammlung während der Monate November und Dezember bei den großen schlagenden Veranlassungen den Kampf mit der Exekutivgewalt umging, niederschlug. Jetzt sehen wir sie gezwungen, ihn bei den kleinlichsten Anlässen aufzunehmen. In der Angelegenheit Mauguin's bestätigt sie dem Prinzipe nach die Schuldhaft der Volksrepräsentanten, behält sich aber vor, es nur auf ihr mißliebige Repräsentanten anwenden zu lassen, und um dieses infame Privilegium hadert sie mit dem Justizminister. Statt den angeblichen Mordplan zu benutzen, um eine Enquête über die Gesellschaft vom 10. Dezember zu verhängen und Bonaparte in seiner wahren Gestalt als das Haupt des Pariser Lumpenproletariats vor Frankreich und Europa rettungslos bloszustellen, läßt sie die Kollision auf einen Punkt herabsinken, wo es sich zwischen ihr und dem Minister des Innern nur noch darum handelt, zu wessen Kompetenz die Ein= und Absetzung eines Polizeikommissärs gehört. So sehen wir die Partei der Ordnung während dieser ganzen Periode durch ihre zweideutige Stellung gezwungen, ihren Kampf mit der Exekutivgewalt in kleinliche Kompetenzzwiste, Chikanen, Rabulistereien, Grenzstreitigkeiten mit den Ministern zu verpuffen, zu verbröckeln und die abgeschmacktesten Formfragen zum Inhalt ihrer Thätigkeit zu machen. Sie wagt die Kollision nicht aufzunehmen in demselben Augenblicke, wo sie eine prinzipielle Bedeutung hat, wo die Exekutivgewalt sich wirklich blosgestellt hat und die Sache der Nationalversammlung die nationale Sache wäre. Sie würde dadurch der Nation eine Marschordre ausstellen und sie fürchtet nichts mehr, als daß sich die Nation bewege. Bei solchen Gelegenheiten weist sie daher die Anträge der Montagne zurück und geht zur Tagesordnung über. Nachdem die Streitfrage so in ihren großen Dimensionen aufgegeben ist, wartet die Exekutivgewalt ruhig den Zeitpunkt ab, wo sie dieselbe bei kleinlich unbedeutenden Anlässen wieder aufnehmen kann, wo sie so zu sagen nur noch ein parlamentarisches Lokalinteresse bietet. Dann bricht die verhaltene Wuth der Ordnungspartei aus, dann reißt sie den Vorhang von den Coulissen, dann denunzirt sie den Präsidenten, dann erklärt sie die Republik in Gefahr, aber dann erscheint auch ihr Pathos abgeschmackt und der Anlaß des Kampfes als heuchlerischer Vorwand oder überhaupt des Kampfes nicht werth. Der parlamentarische Sturm wird zu einem Sturm in einem Glase Wasser, der Kampf zur Intrigue, die Kollision zum Skandal. Während die Schadenfreude der revolutionären Klassen sich an der Demüthigung der Nationalversammlung weidet, denn sie schwärmen eben so sehr für die parlamentarischen Prärogative derselben, wie jene Versammlung für die öffentlichen Freiheiten, begreift die Bourgeoisie außerhalb des Parlaments nicht, wie die Bourgeoisie innerhalb des Parlaments ihre Zeit mit so kleinlichen Zänkereien vergeuden und die Ruhe durch so elende Rivalitäten mit dem Präsidenten blosstellen kann. Sie wird verwirrt, verwildert über eine Strategie, die in dem Augenblicke Frieden schließt, wo alle Welt Schlachten erwartet, und in dem Augenblicke angreift, wo alle Welt den Frieden geschlossen glaubt.

Am 20. Dezember interpellirte Pascal Duprat den Minister des Innern über die Goldbarren=Lotterie. Diese Lotterie war eine „Tochter aus Elysium," Bonaparte hatte sie mit seinen Getreuen auf die Welt gesetzt und der Polizeipräfekt Carlier sie unter seine offizielle Protektion gestellt, obgleich das französische Gesetz alle Lotterien mit Ausnahme zur Verloosung zu wohlthätigen Zwecken untersagt. Sieben Millionen Loose, Stück für Stück ein Frank, der Gewinn angeblich bestimmt zur Verschiffung Pariser Vagabunden nach Kalifornien. Einerseits sollten goldene Träume die sozialistischen Träume des Pariser Proletariats verdrängen, die verführerische Aussicht auf das große Loos das doktrinäre Recht auf Arbeit. Die Pariser Arbeiter erkannten natürlich in dem Glanze der kalifornischen Goldbarren die unscheinbaren Franken nicht wieder, die man ihnen aus der Tasche lockte. In der Hauptsache aber handelte es sich um eine direkte Prellerei. Die Vagabunden, die kalifornische Goldminen eröffnen sollten, ohne sich aus Paris wegzubemühen, waren Bonaparte selbst und seine schuldenzerrüttete Tafelrunde. Die von der Nationalversammlung bewilligten drei Millionen waren verjubelt, die Kasse mußte auf eine oder die andre Weise wieder gefüllt werden. Vergebens hatte Bonaparte zur Errichtung von sogenannten cités ouvrières eine Nationalsubscription eröffnet, an deren Spitze er sich selbst mit einer bedeutenden Summe voranstellte. Die hartherzigen Bourgeois warteten mißtrauisch die Einzahlung seiner Aktie ab, und da diese natürlich nicht erfolgte, fiel die Spekulation auf die sozialistischen Luftschlösser platt zu Boden. Die Goldbarren zogen besser. Bonaparte und Genossen begnügten sich nicht damit, den Ueberschuß der sieben Millionen über die auszuspielenden Barren theilweise in die Tasche zu stecken, sie fabrizirten falsche Loose, sie gaben auf dieselbe Nummer 10, funfzehn bis zwanzig Loose aus, Finanzoperation im Geiste der Gesellschaft vom 10. Dezember. Hier hatte die Nationalversammlung nicht den fiktiven Präsidenten der Republik sich gegenüber, sondern den Bonaparte in Fleisch und Blut. Hier konnte sie ihn auf der That ertappen im Konflikte nicht mit der Konstitution, sondern mit dem Code pénal. Wenn sie auf Duprat's Interpellation zur Tagesordnung überging, geschah es nicht nur, weil Girardin's Antrag sich für "satisfait" zu erklären, der Ordnungspartei ihre systematische Korruption in's Gedächtniß rief. Der Bourgeois, und vor Allem der zum Staatsmann aufgeblähte Bourgeois ergänzt seine praktische Gemeinheit durch eine theoretische Ueberschwenglichkeit. Als Staatsmann wird er und die Staatsgewalt, die ihm gegenübersteht, ein höheres Wesen, das nur in höherer, geweihter Weise bekämpft werden kann.

Bonaparte, der eben als Bohemien, als prinzlicher Lumpenproletarier den Vorzug vor dem schuftigen Bourgeois hatte, daß er den Kampf gemein führen konnte, sah nun, nachdem die Versammlung selbst ihn über den schlüpfrigen Boden der Militärbanquets, der Revuen, der Gesellschaft vom 10. Dezember und endlich des Code pénal mit eigner Hand hinübergeleitet hatte, den Augenblick gekommen, wo er aus der scheinbaren Defensive in die Offensive übergehen konnte. Wenig genirten ihn die mitten durch spielenden kleinen Niederlagen des Justizministers, des Kriegsministers, des Marineministers, des Finanzministers, wodurch die Nationalversammlung ihr knurriges Mißvergnügen kundgab. Er verhinderte nicht nur die Minister abzutreten und so die Unterwerfung der Exekutivgewalt unter das Parlament anzuerkennen. Er konnte nun vollbringen, womit er während der Ferien der Nationalversammlung begonnen hatte, die Losreißung der Militärgewalt vom Parlamente, die Absetzung Changarnier's.

Ein elyseisches Blatt veröffentlichte einen Tagesbefehl, während des Monats Mai, angeblich an die erste Militärdivision gerichtet, also von Changarnier ausgehend, worin den Offizieren empfohlen wurde, im Falle einer Empörung den Verräthern in ihren eignen Reihen kein Quartier zu geben, sie sofort zu erschießen und der Nationalversammlung die Truppen zu verweigern, wenn sie dieselben requiriren sollte. Am 3. Januar 1851 wurde das Kabinet über diesen Tagesbefehl interpellirt. Es verlangt zur Prüfung dieser Angelegenheit erst drei Monate, dann eine Woche, endlich nur vier und zwanzig Stunden Bedenkzeit. Die Versammlung besteht auf sofortigem Aufschlusse. Changarnier erhebt sich und erklärt, daß dieser Tagesbefehl nie existirt habe. Er fügt hinzu, daß er sich stets beeilen werde, den Aufforderungen der Nationalversammlung nachzukommen, und daß sie in einem Kollisionsfalle auf ihn rechnen könnte. Sie empfängt seine Erklärung mit unaussprechlichem Applaus und dekretirt ihm ein Vertrauensvotum. Sie dankt ab, sie dekretirt ihre eigne Machtlosigkeit und die Allmacht der Armee, indem sie sich unter die Privatprotektion eines Generals begibt, aber der General täuscht sich, indem er ihr gegen Bonaparte eine Macht zu Gebote stellt, die er nur als Lehen von demselben Bonaparte hält, wenn er seinerseits Schutz von diesem Parlamente, von seinem schutzbedürftigen Schützlinge erwartet. Aber Changarnier glaubt an die mysteriöse Macht, womit ihn die Bourgeoisie seit dem 29. Januar 1849 ausgestattet. Er hält sich für die dritte Gewalt neben den beiden übrigen Staatsgewalten. Er theilt das Schicksal der übrigen Helden oder vielmehr Heiligen dieser Epoche, deren Größe eben in der interessirten großen Meinung besteht, die ihre Partei von ihnen aufbringt, und die in Alltagsfiguren zusammenfallen, sobald die Verhältnisse sie einladen Wunder zu verrichten. Der Unglaube ist überhaupt der tödtliche Feind dieser vermeinten Helden und wirklichen Heiligen. Daher ihre würdevoll-sittliche Entrüstung über die enthusiasmusarmen Witzlinge und Spötter.

An demselben Abende wurden die Minister nach dem Elisée beschieden, Bonaparte dringt auf die Absetzung Changarnier's, fünf Minister weigern sich sie zu zeichnen, der Moniteur kündigt eine Ministerkrise an und die Ordnungspresse droht mit der Bildung einer parlamentarischen Armee unter dem Kommando Changarnier's. Die Partei der Ordnung hatte die konstitutionelle Befugniß zu diesem Schritte. Sie brauchte blos Changarnier zum Präsidenten der Nationalversammlung zu ernennen und eine beliebige Truppenmasse zu ihrer Sicherheit zu requiriren. Sie konnte es um so sicherer, als Changarnier noch wirklich an der Spitze der Armee und der Pariser Nationalgarde stand, und nur darauf lauerte, mit sammt der Armee requirirt zu werden. Die bonapartistische Presse wagte noch nicht einmal das Recht der Nationalversammlung zu direkter Requisition der Truppen in Frage zu stellen, ein juristischer Skrupel, der unter den gegebenen Verhältnissen keinen Erfolg versprach. Daß die Armee dem Befehle der Nationalversammlung gehorcht hätte, ist wahrscheinlich, wenn man erwägt, daß Bonaparte acht Tage in ganz Paris suchen mußte, um endlich zwei Generale zu finden — Baraguay d'Hilliers und St. Jean d'Angely —, die sich bereit erklärten, die Absetzung Changarnier's zu kontrasigniren. Daß die Ordnungspartei in ihren eignen Reihen und im Parlamente die zu einem solchen Beschlusse nöthige Stimmenzahl gefunden hätte, ist mehr als zweifelhaft, wenn man bedenkt, daß acht Tage später 286 Stimmen sich von ihr trennten, und daß die Montagne noch im Dezember 1851 in der letzten Stunde der Entscheidung verwarf. Indessen wäre es vielleicht den Burggrafen jetzt noch gelungen, die Masse ihrer Partei zu einem Heroismus hinzureißen, der darin bestand, sich hinter einem Walde von Bajonetten sicher zu fühlen und den Dienst einer Armee anzunehmen, die in ihr Lager desertirt war. Statt dessen begaben sich die Herren Burggrafen am Abende des 6. Januar in's Elysée, um durch staatskluge Wendungen und Bedenken Bonaparte von der Absetzung Changarnier's abstehen zu machen. Wen man zu überreden sucht, den erkennt man als den Meister der Situation an. Bonaparte, durch diesen Schritt sicher gemacht, ernennt am 12. Januar ein neues Ministerium, worin die Führer des alten, Fould und Baroche, verbleiben. St. Jean d'Angely wird Kriegsminister, der Moniteur bringt das Absetzungsdekret Changarniers, sein Kommando wird getheilt unter Baraguay d'Hilliers, der die erste Militärdivision, und Perrot, der die Nationalgarde erhält. Das Bollwerk der Gesellschaft ist abgedankt, und wenn kein Stein darüber vom Dache fällt, steigen dagegen die Börsenkurse.

Indem sie die Armee, die sich ihr in Changarnier's Person zur Verfügung stellt, zurückstößt und so unwiderruflich dem Präsidenten überantwortet, erklärt die Ordnungspartei, daß die Bourgeoisie den Beruf zum Herrschen verloren hat. Es existirte kein parlamentarisches Ministerium mehr. Indem sie nun noch die Handhabe der Armee und Nationalgarde verlor, welches Gewaltmittel blieb ihr, um gleichzeitig die usurpirte Gewalt des Parlaments über das Volk und seine konstitutionelle Gewalt gegen den Präsidenten zu behaupten? Keins. Es blieb ihr nur noch der Appell an gewaltlose Prinzipien, die sie selbst stets nur als allgemeine Regeln ausgelegt hatte, die man Dritten vorschreibt, um sich selbst desto freier bewegen zu können. Mit der Absetzung Changarnier's, mit dem Anheimfallen der Militärgewalt an Bonaparte, schließt der erste Abschnitt der Periode, die wir betrachten, die Periode des Kampfes zwischen der Ordnungspartei und der Exekutivgewalt. Der Krieg zwischen den beiden Gewalten ist jetzt offen erklärt, wird offen geführt, aber erst nachdem die Ordnungspartei Waffen und Soldaten verloren hat. Ohne Ministerium, ohne Armee, ohne Volk, ohne öffentliche Meinung, seit ihrem Wahlgesetz vom 31. Mai nicht mehr die Repräsentantin der souveränen Nation, ohn' Aug', ohn' Ohr, ohn' Zahn, ohn' Alles hatte sich die Nationalversammlung allgemach in ein **altfranzösisches Parlament** verwandelt, das die Aktion der Regierung überlassen und sich selbst mit knurrenden Remonstrationen post festum begnügen muß.

Die Ordnungspartei empfängt das neue Ministerium mit einem Sturme der Entrüstung. General Bédeau ruft die Milde der Permanenzkommission während der Ferien in's Gedächtniß zurück und die übergroße Rücksicht, womit sie auf die Veröffentlichung ihrer Protokolle verzichtet habe. Der Minister des Innern besteht nun selbst auf Veröffentlichung dieser Protokolle, die jetzt natürlich schaal wie abgestandenes Wasser geworden sind, keine neue Thatsache enthüllen und ohne die geringste Wirkung in das blasirte Publikum fallen. Auf Remusat's Vorschlag zieht sich die Nationalversammlung in ihre Bureaur zurück und ernennt ein „Komité außerordentlicher Maßregeln." Paris tritt um so weniger aus dem Geleise seiner alltäglichen Ordnung, als der Handel in diesem Augenblicke prosperirt, die Manufakturen beschäftigt sind, die Getreidepreise niedrig stehen, die Lebensmittel überfließen, die Sparkassen täglich neue Depositen erhalten. Die „außerordentlichen Maßregeln," die das Parlament so geräuschvoll angekündigt hat, verpuffen am 18. Januar in ein Mißtrauensvotum gegen die Minister, ohne daß General Changarnier auch nur erwähnt wurde. Die Ordnungspartei war zu dieser Fassung ihres Votums gezwungen, um sich die Stimmen der Republikaner zu sichern, da diese von allen Maßregeln des Ministeriums gerade nur die Absetzung Changarnier's billigen, während die Ordnungspartei in der That die übrigen ministeriellen Akte nicht tadeln kann, die sie selbst diktirt hatte.

Für das Mißtrauensvotum vom 18. Januar entschieden 415 gegen 286 Stimmen. Es wurde also nur durchgesetzt durch eine Koalition der entschiedenen Legitimisten und Orleanisten mit den reinen Republikanern und der Montagne. Es bewies also, daß die Partei der Ordnung nicht nur das Ministerium, nicht nur die Armee, sondern in Konflikten mit Bonaparte auch ihre selbstständige parlamentarische Majorität verloren hatte, daß ein Trupp von Repräsentanten aus ihrem Lager desertirt war, aus Vermittlungsfanatismus, aus Furcht vor dem Kampfe, aus Abspannung, aus Familienrücksicht für blutverwandte Staatsgehalte, auf Spekulation für frei werdende Ministerposten (Odilon Barrot), aus dem platten Egoismus, womit der gewöhnliche Bourgeois ste's geneigt ist, das Gesammtinteresse seiner Klasse diesem oder jenem Privatmotive zu opfern. Die bonapartistischen Repräsentanten gehörten von vornherein der Ordnungspartei nur im Kampfe gegen die Revolution. Der Chef der katholischen Partei, Montalembert, warf seinen Einfluß schon damals in die Wagschale Bonaparte's, da er an der Lebensfähigkeit der parlamentarischen Partei verzweifelte. Die Führer dieser Partei endlich, Thiers und Berryer, der Orleanist und Legitimist, waren gezwungen, offen als Republikaner zu proklamiren, zu bekennen, daß ihr Herz königlich, aber ihr Kopf republikanisch gesinnt, daß die parlamentarische Republik die einzig mögliche Form für die Herrschaft der Gesammtbourgeoisie sei. Sie waren so gezwungen, die Restaurationspläne, die sie unverdrossen hinter dem Rücken des Parlaments weiter verfolgten, vor den Augen der Bourgeoisklasse selbst als eine eben so gefahrvolle wie kopflose Intrigue zu brandmarken.

Das Mißtrauensvotum vom 18. Januar traf die Minister und nicht den Präsidenten. Aber der Präsident hatte Changarnier abgesetzt und nicht die Minister. Sollte die Ordnungspartei Bonaparte selbst in Anklagezustand versetzen? Wegen seiner Restaurationsgelüste? Sie ergänzten nur ihre eignen. Wegen seiner Konspiration in den Militärrevuen und der Gesellschaft vom 10. Dezember? Sie hatten diese Themata längst unter einfachen Tagesordnungen begraben. Wegen der Absetzung des Helden vom 29. Januar und vom 13. Juni, des Mannes, der Mai 1850 im Falle einer Emeute Paris an allen vier Ecken in Brand zu stecken drohte? Ihre Alliirten von der Montagne und Cavaignac erlaubten ihnen nicht einmal, das gefallene Bollwerk der Gesellschaft durch eine offizielle Beileidsbezeugung aufzurichten. Sie selbst konnten dem Präsidenten die konstitutionelle Befugniß einen General abzusetzen nicht bestreiten. Sie tobten nur, weil er von seinem konstitutionellen Rechte einen unparlamentarischen Gebrauch machte. Hatten sie von ihrer parlamentarischen Prärogative nicht fortwährend einen inkonstitutionellen Gebrauch gemacht und namentlich bei der Abschaffung des allgemeinen Wahlrechts? Sie waren also darauf angewiesen, sich genau innerhalb der parlamentarischen Schranken zu bewegen. Und es gehörte jene eigenthümliche Krankheit dazu, die seit 1848 auf dem ganzen Kontinente graffirte, der **parlamentarische Kretenismus**, der die Angesteckten in eine eingebildete Welt festbannt und ihnen allen Sinn, alle Erinnerung, alles Verständniß für die rauhe Außenwelt raubt, dieser parlamentarische Kretenismus gehörte dazu, wenn sie, die alle Bedingungen der parlamentarischen Macht mit eignen Händen zerstört hatten und in ihrem Kampfe mit den andern Klassen zerstören mußten, ihre parlamentarischen Siege noch für Siege hielten und den Präsidenten zu treffen glaubten, indem sie auch seine Minister schlugen. Sie gaben ihm nur Gelegenheit, die Nationalversammlung von Neuem in den Augen der Nation zu demüthigen. Am 20. Januar meldete der Moniteur, daß die Entlassung des Gesammtministeriums angenommen sei. Unter dem Vorwande, daß keine parlamentarische Partei mehr die Majorität besitze, wie das Votum vom 18. Januar, diese Frucht der Koalition zwischen Montagne und Royalisten beweise, und um die Neubildung einer Majorität abzuwarten, ernannte Bonaparte ein sogenanntes Uebergangsministerium, wovon kein Mitglied dem Parlamente angehörte, lauter durchaus unbekannte und bedeutungslose Individuen, ein Ministerium von bloßen Kommis und Schreibern. Die Ordnungspartei konnte sich jetzt im Spiele mit diesen Marionetten abarbeiten, die Exekutivgewalt hielt es nicht mehr der Mühe werth, ernsthaft in der Nationalversammlung vertreten zu sein. Bonaparte konzentrirte um so sichtbarer die ganze Exekutivgewalt in seiner Person, er hatte um so freiern Spielraum, sie zu seinen Zwecken auszubeuten, je mehr seine Minister reine Statisten waren.

Die mit der Montagne koalisirte Ordnungspartei rächte sich, indem sie die präsidentielle Dotation von 1,800,000 Frcs. verwarf, zu deren Vorlage das Haupt der Gesellschaft vom 10. Dezember seine ministeriellen Kommis gezwungen hatte. Diesmal entschied eine Majorität von nur 102 Stimmen, es waren also seit dem 28. Januar neuerdings 27 Stimmen abgefallen, die Auflösung der Ordnungspartei ging voran. Damit man sich keinen Augenblick über den Sinn ihrer Koalition mit der Montagne täusche, verschmähte sie gleichzeitig einen von 189 Mitgliedern der Montagne unterzeichneten Antrag auf allgemeine Amnestie der politischen Verbrecher auch nur in Betracht zu ziehen. Es genügt, daß der Minister des Innern, ein gewisser Vaissé erklärt, die Ruhe sei nur scheinbar, im Geheimen herrsche große Agitation, im Geheimen organisirten sich allgegenwärtige Gesellschaften, die demokratischen Blätter machten Anstalten um wieder zu erscheinen, die Berichte aus den Departements lauteten ungünstig, die Flüchtlinge von Genf leiteten eine Verschwörung über Lyon durch ganz Südfrankreich, Frankreich stehe am Rande einer industriellen und kommerziellen Krise, die Fabrikanten von Rubair hätten die Arbeitszeit vermindert, die Gefangenen von Belle Isle sich empört — es genügte, daß selbst nur ein Vaissé das rothe Gespenst heraufbeschwor, damit die Partei der Ordnung ohne Diskussion einen Antrag verwarf, der der Nationalversammlung eine ungeheure Popularität erobern und Bonaparte in ihre Arme zurückwerfen mußte. Statt sich von der Exekutivgewalt durch die Perspektive neuer Unruhen einschüchtern zu lassen, hätte sie vielmehr dem Klassenkampf einen kleinen Spielraum gewähren müssen, um die Exekutive von sich abhängig zu erhalten. Aber sie fühlte sich nicht der Aufgabe gewachsen, mit dem Feuer zu spielen.

Unterdessen vegetirte das sogenannte Uebergangsministerium bis Mitte April fort. Bonaparte ermüdete, foppte die Nationalversammlung mit beständig neuen Ministerkombinationen. Bald schien er ein republikanisches Ministerium bilden zu wollen mit Lamartine und Billaut, bald ein parlamentarisches mit dem unvermeidlichen Odilon Barrot, dessen Name nie fehlen darf, wenn ein Dupe nothwendig ist, bald ein legitimistisches mit Vatismenil und Benoist d'Azy, bald ein orleantistisches mit Malleville. Während er so die verschiedenen Fraktionen der Ordnungspartei in Spannung gegen einander erhält und sie insgesammt mit der Aussicht auf ein republikanisches Ministerium und die dann unvermeidlich gewordene Herstellung des allgemeinen Wahlrechts ängstet, bringt er gleichzeitig bei der Bourgeoisie die Ueberzeugung hervor, daß seine aufrichtigen Bemühungen um ein parlamentarisches Ministerium an der Unversöhnlichkeit der royalistischen Fraktionen scheitern. Die Bourgeoisie schrie aber nur so lauter nach einer „starken Regierung," sie fand es um so unverzeihlicher, Frankreich „ohne Administration zu lassen, jemehr eine allgemeine Handelskrise nun im Anmarsche schien und in den Städten für den Sozialismus warb, wie der ruinirend niedrige Preis des Getreides auf dem Lande. Der Handel wurde täglich flauer, die unbeschäftigten Hände vermehrten sich zusehends, in Paris waren wenigstens 10,000 Arbeiter brodlos, in Rouen, Mühlhausen, Lyon, Raubair, Courcoing, St. Etienne, Elbeuf u. s. w. standen zahllose Fabriken still. Unter diesen Umständen konnte Bonaparte es wagen, am 11. April das Ministerium vom 18. Januar zu restauriren. Die Herren Rouher, Fould, Baroche rc. verstärkt durch Herrn Léon Faucher, der während der letzten Tage der Konstituante der Versammlung einstimmig mit Ausnahme von fünf Ministerstimmen wegen Verbreitung falscher telegraphischer Depeschen mit einem Mißtrauensvotum gebrandmarkt hatte. Die Nationalversammlung hatte also am 18. Januar einen Sieg über das Ministerium davongetragen, sie hatte während drei Monaten mit Bonaparte gekämpft, damit am 11. April Fould und Baroche den Puritaner Faucher als Dritten in ihrem ministeriellen Bunde aufnehmen konnten.

November 1849 hatte sich Bonaparte mit einem unparlamentarischen Ministerium begnügt, Januar 1851 mit einem außerparlamentarischen, am 11. April fühlte er sich stark genug, ein antiparlamentarisches Ministerium zu bilden, das die Mißtrauensvota beider Versammlungen, der Konstituante und der Legislativen, der republikanischen und royalistischen harmonisch in sich vereinigte. Diese Stufenleiter von Ministerien war der Termometer, woran das Parlament die Abnahme der eignen Lebenswärmen messen konnte. Diese vor Ende April tief genug gesunken, daß Persigny den Changarnier in einer persönlichen Zusammenkunft auffordern konnte, in das Lager des Präsidenten überzugehen. Bonaparte, versicherte er ihm, betrachte den Einfluß der Nationalversammlung als vollständig vernichtet und schon liege die Proklamation bereit, die nach dem beständig beabsichtigten, aber zufällig wieder aufgehobenen coup d'état veröffentlicht werden solle. Changarnier theilte den Führern der Ordnungspartei die Todesanzeige mit, aber wer glaubt, daß der Biß von Wanzen tödtete? Und das Parlament, so geschlagen, so aufgelöst, so sterbefaul es war, konnte sich nicht überwinden, in dem Duelle mit dem grotesken Chef der Gesellschaft vom 10. Dezember etwas Andres zu sehen, als das Duell mit einer Wanze. Aber Bonaparte antwortete der Partei der Ordnung wie Agesilaus dem Könige Agis: „Ich scheine die Ameise aber ich werde einmal Löwe sein."

VI.

Die Koalition mit der Montagne und den reinen Republikanern, wozu die Ornungspartei in ihren vergeblichen Anstrengungen den Besitz der Militärgewalt zu behaupten und die oberste Leitung der Exekutivgewalt wieder zu erobern, sich verurtheilt sah, bewies unwidersprechlich, daß sie die selbstständige parlamentarische Majorität eingebüßt hatte. Die bloße Macht des Kalenders, der Stundenzeiger gab am 29. Mai das Signal ihrer völligen Auflösung. Mit dem 29. Mai begann das letzte Lebensjahr der Nationalversammlung. Sie mußte sich nun entscheiden für unveränderte Fortdauer oder für Revision der Verfassung. Aber Revision der Verfassung das hieß nicht nur Herrschaft der Bourgeoisie oder kleinbürgerlichen Demokratie, Demokratie oder proletarische Anarchie, parlamentarische Republik oder Bonaparte, das hieß zugleich Orleans oder Bourbon! So fiel mitten in das Parlament der Zankapfel, an dem sich der Widerstreit der Interessen, die die Ordnungspartei in feindliche Fraktionen sonderten, offen entzünden mußte. Die Ordnungspartei war eine Verbindung von heterogenen gesellschaftlichen Substanzen. Die Revisionsfrage erzeugte eine politische Temperatur, worin das Produkt wieder in seine ursprünglichen Bestandtheile zerfallen mußte.

Das Interesse der Bonapartisten an der Revision war einfach. Für sie handelte es sich vor Allem um Abschaffung des Art. 45, der Bonaparte's Wiederwahl untersagte und die Prorogation seiner Gewalt. Nicht minder einfach schien die Stellung der Republikaner. Sie verwarfen unbedingt jede Revision, sie sahen in ihr eine allseitige Verschwörung gegen die Republik. Da sie über mehr als drei Viertel der Stimmen in der Nationalversammlung verfügten, und verfassungsmäßig diese Stimmenzahl zum rechtgültigen Beschlusse der Revision und zur Einberufung einer revidirenden Versammlung erfordert war, brauchten sie nur ihre Stimmen zu zählen, um des Sieges sicher zu sein. Und sie waren des Sieges sicher.

Diesen klaren Stellungen gegenüber befand sich die Partei der Ordnung in unentwirrbaren Widersprüchen. Verwarf sie die Revision, so gefährdete sie den Statusquo, indem sie Bonaparte nur noch einen Ausweg übrig ließ, den der Gewalt, indem sie Frankreich am 2. Mai 1852, im Augenblick der Entscheidung der revolutionären Anarchie preisgab, mit einem Präsidenten, der seine Autorität verlor, mit einem Parlamente, das sie längst nicht mehr besaß, und mit einem Volke, das sie wieder zu erobern dachte. Stimmte sie für die verfassungsmäßige Revision, so wußte sie, daß sie umsonst stimmte und am Veto der Republikaner verfassungsmäßig scheitern müsse. Erklärte sie verfassungswidrig die einfache Stimmenmajorität für bindend, so konnte sie die Revolution nur zu beherrschen hoffen, wenn sie sich unbedingt der Botmäßigkeit der Exekutivgewalt unterwarf, so machte sie Bonaparte zum Meister über die Verfassung, über die Revision und über sich selbst. Eine nur theilweise Revision, die die Gewalt des Präsidenten verlängerte, bahnte der imperialistischen Usurpation den Weg. Eine allgemeine Revision die die Existenz der Republik abkürzte, brachte die dynastischen Ansprüche in unvermeidlichen Konflikt, denn die Bedingungen für eine bourbonische und die Bedingungen für eine orleanistische Restauration waren nicht nur verschieden, sie schlossen sich wechselseitig aus.

Die parlamentarische Republik war mehr als das neutrale Gebiet, worin die zwei Fraktionen der französischen Bourgeoisie, Legitimisten und Orleanisten, großes Grundeigenthum und Industrie gleichberechtigt nebeneinander hausen konnten. Sie war die unumgängliche Bedingung ihrer gemeinsamen Herrschaft, die einzige Staatsform, worin ihr allgemeines Klasseninteresse sich zugleich die Ansprüche ihrer besondern Fraktionen wie alle übrigen Klassen der Gesellschaft unterwarf. Als Royalisten fielen sie in ihren alten Gegensatz zurück, in den Kampf um die Suprematie des Grundeigenthums oder des Geldes, und der höchste Ausdruck dieses Gegensatzes, die Personifikation desselben, waren ihre Könige selbst, ihre Dynastien. Daher das Sträuben der Ordnungspartei gegen die Rückberufung der Bourbonen.

Der Orleanist und Volksrepräsentant Creton hatte 1849, 1850 und 1851 periodisch den Antrag gestellt, das Verbannungsdekret gegen die königlichen Familien aufzuheben. Das Parlament bot eben so periodisch das Schauspiel einer Versammlung von Royalisten, die ihren verbannten Königen hartnäckig die Thore verschließt, durch die sie heimkehren könnten. Richard III. hatte Heinrich IV. ermordet mit dem Bemerken, daß er zu gut für diese Welt sei und in den Himmel gehöre. Sie erklärten Frankreich für zu schlecht, seine Könige wieder zu besitzen. Durch die Macht der Verhältnisse gezwungen waren sie zu Republikanern geworden

6

und sanktionirten wiederholt den Volksbeschluß, der ihre Könige aus Frankreich verjagte.

Die Revision der Verfassung — und sie in Betracht zu ziehen zwangen die Umstände — stellte mit der Republik zugleich die gemeinsame Herrschaft der beiden Bourgeois-Fraktionen in Frage und rief mit der Möglichkeit der Monarchie, die Rivalität der Interessen, die sie abwechselnd vorzugsweise vertreten hatte, in's Leben zurück, den Kampf um die Suprematie der einen Fraktion über die andre. Die Diplomaten der Ordnungspartei glaubten den Kampf schlichten zu können durch eine Verschmelzung beider Dynastien, durch eine sogenannte Fusion der royalistischen Parteien und ihrer Königshäuser. Die wirkliche Fusion der Restauration und der Julimonarchie war die parlamentarische Republik, worin orleanistisch und legitimistische Farben ausgelöscht wurden und die Bourgeois-Arten in dem Bourgeois schlechtweg, in der Bourgeois-Gattung verschwanden. Jetzt aber sollte der Orleanist Legitimist, der Legitimist Orleanist werden. Das Königthum, worin sich ihr Gegensatz personifizirte, sollte ihre Einheit verkörpern, der Ausdruck ihrer ausschließlichen Fraktionsinteressen zum Ausdruck ihres gemeinsamen Klasseninteresses werden, die Monarchie das leisten, was nur die Aufhebung zweier Monarchien konnte und geleistet hatte, und die Republik leisten konnte und geleistet hatte. Es war dies der Stein des Weisen, an dessen Herstellung sich die Doktoren der Ordnungspartei die Köpfe zerbrachen. Als könnte die legitime Monarchie jemals die Monarchie der industriellen Bourgeois oder das Bürgerkönigthum jemals das Königthum der angestammten Grundaristokratie werden. Als könnten Grundeigenthum und Industrie sich unter einer Krone verbrüdern, wo die Krone nur auf ein Haupt fallen konnte, auf das Haupt des ältern Bruders oder des jüngern. Als könnte die Industrie sich überhaupt mit dem Grundeigenthum ausgleichen, so lange das Grundeigenthum sich nicht entschließt, selbst industriell zu werden. Wenn Henri V. morgen stürbe, der Graf von Paris würde darum nicht der König der Legitimisten, es sei denn, daß er aufhörte, der König der Orleanisten zu sein. Die Philosophen der Fusion jedoch, die sich in dem Maße breit machten, als die Revisionsfrage in den Vordergrund trat, die sich in der "Assemblée nationale" ein offizielles Tagesorgan geschaffen hatten, die sogar in diesem Augenblicke (Februar 1852) wieder im Werke sind, erklärten sich die ganze Schwierigkeit aus dem Widerstreben und der Rivalität der beiden Dynastien. Die Versuche, die Familie Orleans mit Heinrich V. zu versöhnen, seit dem Tode Louis Philippe's begonnen, aber wie die dynastischen Intriguen überhaupt nur während der Ferien der Nationalversammlung, in den Zwischenakten, hinter den Coulissen gespielt, mehr sentimentale Koquetterie mit dem alten Aberglauben, als ernstgemeintes Geschäft, wurden nun zu Haupt- und Staatsaktionen und von der Ordnungspartei auf der öffentlichen Bühne aufgeführt, statt wie bisher auf dem Liebhabertheater. Die Kuriere flogen von Paris nach Venedig, von Venedig nach Claremont, von Claremont nach Paris. Der Graf v. Chambord erläßt ein Manifest, worin er „mit Hülfe aller Glieder seiner Familie" nicht seine, sondern die „nationale" Restauration anzeigt. Der Orleanist Salvandy wirft sich Heinrich V. zu Füßen. Die Legitimistenchefs Berryer, Benoit d'Azy, St. Priest, wandern nach Claremont, um die Orleans zu überreden, aber vergeblich. Die Fusionisten gewahren zu spät, daß die Interessen der beiden Bourgeois-Fraktionen weder an Ausschließlichkeit verlieren, noch an Nachgiebigkeit gewinnen, wo sie in der Form von Familieninteressen, von Interessen zweier Königshäuser sich zuspitzen. Wenn Heinrich V. den Grafen von Paris als Nachfolger anerkannte — der einzige Erfolg, den die Fusion im besten Fall erzielen konnte —, so gewann das Haus Orleans keinen Anspruch, den ihm die Kinderlosigkeit Heinrich V. nicht schon gesichert hätte, aber es verlor alle Ansprüche, die es durch die Julirevolution erobert hatte. Es verzichtete auf seine Originalansprüche, auf alle Titel die es in einem mehr als hundertjährigen Kampfe dem ältern Zweige der Bourbonen abgerungen, es tauschte seine historischen Prärogative, die Prärogative des modernen Königthums, gegen die Prärogative seines

Stammbaums aus. Die Fusion war also nichts, als eine freiwillige Abdankung des Hauses Orleans, die legitimistische Resignation desselben, der reuige Rücktritt aus der protestantischen Staatskirche in die katholische. Ein Rücktritt, der es dazu nicht einmal auf den Thron, den es verloren hatte, sondern auf die Stufe des Throns brachte, auf der es geboren war. Die alten orleanistischen Minister Guizot, Duchatel c., die ebenfalls nach Claremont eilten, um die Fusion zu bevorworten, vertraten in der That nur den Katzenjammer über die Julirevolution, die Verzweiflung am Bürgerkönigthum und am Königthum der Bürger, den Aberglauben an die Legitimität als das letzte Amulet gegen die Anarchie. In ihrer Einbildung Vermittler zwischen Orleans und Bourbon waren sie in der Wirklichkeit nur noch abgefallne Orleanisten, und als solche empfing sie der Prinz v. Joinville. Der lebensfähige, kriegerische Theil der Orleanisten dagegen, Thiers, Baze u. s. w., überzeugten die Familie Louis Philippe's um so leichter, daß wenn jede unmittelbar monarchische Restauration die Fusion der beiden Dynastien, jede solche Fusion aber die Abdankung des Hauses Orleans voraussetze, es dagegen ganz der Tradition ihrer Vorfahren entspreche, vorläufig die Republik anzuerkennen und abzuwarten, bis die Ereignisse erlaubten, den Stuhl in einen Thron zu verwandeln. Joinville's Kandidatur wurde gerüchtsweise ausgesprengt, die öffentliche Neugier in der Schwebe erhalten, und einige Monate später, nach Verwerfung der Revision, im September öffentlich proklamirt.

Der Versuch einer royalistischen Fusion zwischen Orleanisten und Legitimisten war so nicht nur gescheitert, er hatte ihre parlamentarische Fusion, ihre republikanische Gemeinform gebrochen und die Ordnungspartei wieder in ihre ursprünglichen Bestandtheile zersetzt; aber je mehr die Entfremdung zwischen Claremont und Venedig wuchs, ihre Ausgleichung sich zerschlug, die Joinville-Agitation um sich griff, desto eifriger, ernster wurden die Verhandlungen zwischen Faucher, dem Minister Bonaparte's und den Legitimisten.

Die Auflösung der Ordnungspartei blieb nicht bei ihren ursprünglichen Elementen stehen. Jede der beiden großen Fraktionen zersetzte sich ihrerseits von Neuem. Es war, als wenn alle die alten Nuancen, die sich früher innerhalb jedes der beiden Kreise, sei es des legitimen, sei es des orleanistischen, bekämpft und gedrängt hatten, wieder aufgethaut wären, wie vertrocknete Infusorien bei Berührung mit Wasser, als wenn sie von Neuem Lebenskraft genug gewonnen hätten, um eigne Gruppen und selbstständige Gegensätze zu bilden. Die Legitimisten träumten sich zurück in die Streitfragen zwischen den Tuilerien und dem Pavillon Marsan, zwischen Villele und Polignac. Die Orleanisten durchlebten von Neuem die goldene Zeit der Turniere zwischen Guizot, Molé, Broglio, Thiers und Odilon Barrot.

Der revisionslustige, aber über die Grenzen der Revision wieder uneinige Theil der Ordnungspartei, zusammengesetzt aus den Legitimisten unter Berryer und Fallour einerseits, unter Larochejaquelin andrerseits, und den kampfmüden Orleanisten unter Molé, Broglio, Montalembert und Odilon Barrot, vereinbarte sich mit den bonapartistischen Repräsentanten zu folgendem unbestimmten und weitgefaßten Antrage: „Die unterzeichneten Repräsentanten, mit dem Zwecke, der Nation die volle Ausübung ihrer Souveränität wiederzugeben, stellen die Motion, daß die Verfassung revidirt werde." Gleichzeitig aber erklären sie einstimmig durch ihren Berichterstatter Toqueville, die Nationalversammlung habe nicht das Recht, die Abschaffung der Republik zu beantragen, dies Recht stehe nur der Revisionskammer zu. Uebrigens könne die Verfassung nur auf „legale" Weise revidirt werden, also nur, wenn das verfassungsmäßig vorgeschriebene Dreiviertel der Stimmenzahl für Revision entscheide. Nach sechstägigen stürmischen Debatten, am 19. Juli, wurde die Revision, wie vorherzusehen, verworfen. Es stimmten 446 dafür, aber 278 dagegen. Die entschiedenen Orleanisten Thiers, Changarnier c. stimmten mit den Republikanern und der Montagne.

Die Majorität des Parlaments erklärte sich so gegen die Verfassung, aber diese Verfassung selbst erklärte sich für die Minorität und ihren Beschluß für bindend. Hatte aber die Ordnungspartei nicht am 31. Mai 1850, nicht am 13. Juni 1849 die Verfassung der parlamentarischen Majorität untergeordnet? Beruhte ihre ganze bisherige Politik nicht auf der Unterordnung der Verfassungsparagraphen unter die parlamentarischen Majoritätsbeschlüsse? Hatte sie den alttestamentarischen Aberglauben an den Buchstaben des Gesetzes nicht den Demokraten überlassen und an den Demokraten gezüchtigt? In diesem Augenblicke aber hieß Revision der Verfassung nichts Andres, als Fortdauer der präsidentiellen Gewalt, wie Fortdauer der Verfassung nichts Andres hieß, als Absetzung Bonaparte's. Das Parlament hatte sich für ihn erklärt, aber die Verfassung erklärte sich gegen das Parlament. Er handelte also im Sinne des Parlaments, wenn er die Verfassung zerriß, und er handelte im Sinne der Verfassung, wenn er das Parlament auseinanderjagte.

Das Parlament hatte die Verfassung und mit ihr seine eigne Herrschaft „außerhalb der Majorität" erklärt, es hatte durch seinen Beschluß die Verfassung aufgehoben und die präsidentielle Gewalt verlängert und zugleich erklärt, daß weder die eine sterben noch die andre leben könne, so lange es selbst fortbestehe. Die Füße derer, die es begraben sollten, standen vor der Thüre. Während es die Revision debattirte, entfernte Bonaparte den General Baraguay d'Hilliers, der sich unschlüssig zeigte, von dem Kommando der ersten Militärdivision und ernannte an seine Stelle den General Magnan, den Sieger von Lyon, den Helden der Dezembertage, eine seiner Kreaturen, der sich schon unter Louis Philippe bei Gelegenheit der Expedition von Boulogne mehr oder minder für ihn kompromittirt hatte.

Die Ordnungspartei bewies durch ihren Beschluß über die Revision, daß sie weder zu herrschen noch zu dienen, weder zu leben noch zu sterben, weder die Republik zu ertragen noch sie umzustürzen, weder die Verfassung aufrecht zu erhalten noch sie über den Haufen zu werfen, weder mit dem Präsidenten zusammenzuwirken noch mit ihm zu brechen verstand. Von wem erwartete sie denn die Lösung aller Widersprüche? Von dem Kalender, von dem Gang der Ereignisse. Sie hörte auf, sich die Gewalt über die Ereignisse anzumaßen. Sie forderte also die Ereignisse heraus, ihr Gewalt anzuthun, und damit sie, die im Kampfe mit dem Volke ein Attribut nach dem andern abgetreten hatte, bis sie selbst ihr gewaltlos gegenüberstand, damit der Chef der Exekutivgewalt desto ungestörter den Kampfplan gegen sie entwerfen, seine Angriffsmittel verstärken, seine Werkzeuge auswählen, seine Positionen befestigen könne, beschloß sie mitten in diesem kritischen Augenblicke von der Bühne abzutreten und sich auf drei Monate zu vertagen, vom 10. August bis 4. November.

Die parlamentarische Partei war nicht nur in ihre zwei großen Fraktionen, jede dieser Fraktionen war nicht nur innerhalb ihrer selbst aufgelöst, sondern die Ordnungspartei im Parlamente war mit der Ordnungspartei außerhalb des Parlaments zerfallen. Die Wortführer und die Schriftgelehrten der Bourgeoisie, ihre Tribüne und ihre Presse, kurz die Ideologen der Bourgeoisie und die Bourgeoisie selbst, die Repräsentanten und die Repräsentirten, standen sich entfremdet gegenüber und verstanden sich nicht mehr.

Die Legitimisten in den Provinzen mit ihrem beschränkten Horizont und ihrem unbeschränkten Enthusiasmus bezüchtigten ihre parlamentarischen Führer, Berryer und Fallour, der Desertion in's bonapartistische Lager und des Abfalls von Heinrich V. Ihr Lilienverstand glaubte an den Sündenfall, aber nicht an die Diplomatie.

Ungleich verhängnißvoller und entscheidender war der Bruch der kommerziellen Bourgeoisie mit ihren Politikern. Sie warf ihnen vor, nicht wie die Legitimisten den ihren, von dem Prinzip abgefallen zu sein, sondern umgekehrt, an unnütz gewordenen Prinzipien festzuhalten.

Ich habe schon früher angedeutet, daß seit dem Eintritt Fould's in's Ministerium der Theil der kommerziellen Bourgeoisie, der den Löwenantheil an Louis Philippe's Herrschaft besessen hatte, daß die Finanzaristokratie bonapartistisch geworden war. Fould vertrat nicht nur Bonaparte's Interesse an der Börse, er vertrat zugleich das Interesse der Börse bei Bonaparte. Die Stellung der Finanzaristokratie schildert am schlagendsten ein Citat aus ihrem europäischen Organ, dem Londoner Oekonomist. In seiner Nummer vom 1. Februar 1851 läßt er sich aus Paris schreiben: „Nun haben wir es konstatirt von allen Seiten her, daß Frankreich vor Allem nach Ruhe verlangt. Der Präsident erklärt es in seiner Message an die legislative Versammlung, es tönt als Echo zurück von der nationalen Rednertribune, es wird betheuert von den Zeitungen, es wird verkündet von der Kanzel, es wird bewiesen durch die Empfindlichkeit der Staatspapiere bei der geringsten Aussicht auf Störung, durch ihre Festigkeit, so oft die Exekutivgewalt siegt."

In seiner Nummer vom 29. November 1851 erklärt der Oekonomist in seinem eignen Namen: „Auf allen Börsen von Europa ist der Präsident nun als die Schildwache der Ordnung anerkannt." Die Finanzaristokratie verdammte also den parlamentarischen Kampf der Ordnungspartei mit der Exekutivgewalt als eine Störung der Ordnung, und feierte jeden Sieg des Präsidenten über ihre angeblichen Repräsentanten als einen Sieg der Ordnung. Man muß hier unter der Finanzaristokratie nicht nur die großen Staatsgläubiger und Spekulanten in Staatspapieren verstehen, von denen es sich sofort begreift, daß ihr Interesse mit dem Interesse der Staatsgewalt zusammenfällt. Das ganze moderne Geldgeschäft, die ganze Bankwirthschaft ist auf das Innigste mit dem öffentlichen Kredit verwebt. Ein Theil ihres Geschäftskapitals wird nothwendig in schnell konvertiblen Staatspapieren angelegt und verzinst. Ihre Depositen, das ihnen zur Verfügung gestellte und von ihnen unter Kaufleute und Industrielle vertheilte Kapital strömt größtentheils aus den Dividenden der Staatsrentner her. Der ganze Geldmarkt und die Priester dieses Geldmarkts, wenn so zu jeder Epoche die Stabilität der Staatsgewalt Moses und die Propheten für sie bedeutet; wie nicht erst heute, wo jede Sündfluth mit den alten Staaten die alten Staatsschulden wegzuschwemmen droht?

Auch die industrielle Bourgeoisie ärgerte sich in ihrem Ordnungsfanatismus über die Zänkereien der parlamentarischen Ordnungspartei mit der Exekutivgewalt. Thiers, Anglés, Saint Beuve u. s. w. erhielten nach ihrem Votum vom 18. Januar, bei Gelegenheit der Absetzung Changarnier's, öffentliche Zurechtweisungen von ihren Mandatgebern gerade aus den industriellen Bezirken, worin namentlich ihre Koalition mit der Montagne als Hochverrath an der Ordnung gegeißelt wurde. Wenn wir gesehen haben, daß die prahlerischen Neckereien, die kleinlichen Intriguen, worin sich der Kampf der Ordnungspartei mit dem Präsidenten kundgab, keine bessere Aufnahme verdiente, so war andrerseits diese Bourgeoispartei, die von ihren Vertretern verlangt, die Militärgewalt aus den Händen ihres eignen Parlaments widerstandslos in die eines abentheuernden Prätendenten übergehen zu lassen, nicht einmal der Intriguen werth, die in ihrem Interesse verschwendet wurden. Sie bewies, daß der Kampf um die Behauptung ihres öffentlichen Interesses, ihres eignen Klasseninteresses, ihrer politischen Macht sie als Störung des Privatgeschäfts nur belästige und verstimme.

Die bürgerlichen Honoratioren der Departementalstädte, die Magistrate, Handelsrichter u. s. w. empfingen mit kaum einer Ausnahme Bonaparte überall auf seinen Rundreisen in der servilsten Weise, selbst wenn er wie in Dijon die Nationalversammlung und speziell die Ordnungspartei rückhaltlos angriff.

Wenn der Handel gut ging, wie noch Anfang 1851, tobte die kommerzielle Bourgeoisie gegen jeden parlamentarischen Kampf, damit dem Handel ja nicht der Humor ausgehe. Wenn der Handel schlecht ging, wie fortdauernd seit Ende Februar 1851, klagte sie die parlamentarischen Kämpfe als Ursache der Stockung an und schrie nach ihrem Verstummen, damit der Handel wieder laut werde. Die Revisionsdebatten fielen gerade in diese schlechte Zeit. Da es sich hier um Sein oder Nichtsein der bestehenden Staatsform handelte, fühlte sich die Bourgeoisie um so berechtigter von ihren Repräsentanten das Ende dieses folternden Provisoriums und zugleich die Erhaltung des Statusquo zu verlangen. Es war kein Widerspruch. Unter dem Ende des Provisoriums verstand sie gerade seine Fortdauer, das Hinausschieben des Augenblicks, wo es zu einer Entscheidung kommen mußte, in eine blaue Ferne. Der Statusquo konnte nur auf zwei Wegen erhalten werden, Verlängerung der Gewalt Bonaparte's oder verfassungsmäßiger Abtritt desselben und Wahl Cavaignac's. Ein Theil der Bourgeoisie wünschte die letzte Lösung und wußte seinen Repräsentanten keinen bessern Rath zu geben, als zu schweigen, den brennenden Punkt unberührt zu lassen. Wenn ihre Repräsentanten nicht sprächen, meinten sie, werde Bonaparte nicht handeln. Sie wünschten sich ein Straußenparlament, das seinen Kopf verstecke, um ungesehen zu bleiben. Ein andrer Theil der Bourgeoisie wünschte Bonaparte, weil er einmal auf dem Präsidentenstuhl saß, auf dem Präsidentenstuhl sitzen zu lassen, damit Alles im alten Geleise bleibe. Es empörte sie, daß ihr Parlament nicht offen die Konstitution brach und ohne Umstände abdankte.

Die Generalräthe der Departements, diese Provinzialvertretungen der großen Bourgeoisie, die während der Ferien der Nationalversammlung vom 25. August an tagten, erklärten sich fast einstimmig für die Revision, also gegen das Parlament und für Bonaparte.

Noch unzweideutiger als der Zerfall mit ihren parlamentarischen Repräsentanten, legte die Bourgeoisie ihre Wuth über ihre literarischen Vertreter, über ihre eigne Presse an den Tag. Die Verurtheilungen zu unerschwinglichen Geldsummen und zu schamlosen Gefängnißstrafen durch die Bourgeois-Juris für jeden Angriff der Bourgeois-Journalisten auf die Usurpationsgelüste Bonaparte's, für jeden Versuch der Presse, die politischen Rechte der Bourgeoisie gegen die Exekutivgewalt zu vertheidigen, setzten nicht nur Frankreich, sondern ganz Europa in Erstaunen.

Wenn die parlamentarische Ordnungspartei, wie ich gezeigt habe, durch ihr Schreien nach Ruhe sich selbst zur Ruhe verwies, wenn sie die politische Herrschaft der Bourgeoisie für unverträglich mit der Sicherheit und dem Bestand der Bourgeoisie erklärte, indem sie im Kampfe gegen die andern Klassen der Gesellschaft alle Bedingungen ihres eignen Régimes, des parlamentarischen Régimes mit eigner Hand vernichtete, so forderte dagegen die außerparlamentarische Masse der Bourgeoisie durch ihre Servilität gegen den Präsidenten, durch ihre Schmähungen gegen das Parlament, durch die brutale Mißhandlung der eignen Presse Bonaparte auf, ihren sprechenden und schreibenden Theil, ihre Politiker und ihre Literaten, ihre Rednertribune und ihre Presse zu unterdrücken, zu vernichten, damit sie nun vertrauensvoll unter dem Schutze einer starken und uneingeschränkten Regierung ihren Privatgeschäften nachgehen könne. Sie erklärte unzweideutig, daß sie ihre eigne politische Herrschaft loszuwerden schmachte, um die Mühen und Gefahren der Herrschaft loszuwerden.

Und die Elende, die Feige, die sich schon gegen den blos parlamentarischen und literarischen Kampf für die Herrschaft ihrer eignen Klasse empört und die Führer dieses Kampfes verrathen hatte, sie wagt es jetzt nachträglich das Proletariat anzuklagen, daß es nicht zum blutigen Kampfe, zum Kampfe auf Leben und Tod für sie aufgestanden sei! Sie, die jeden Augenblick ihr allgemeines Klasseninteresse, d. h. ihr politisches Interesse dem borniertesten, schmutzigsten Privatinteresse aufopferte und an ihre Vertreter die Zumuthung eines ähnlichen Opfers stellte, sie jammert jetzt, das Proletariat habe seinen materiellen Interessen ihre idealen politischen Interessen geopfert. Sie gebahrt sich als schöne Seele, die von dem durch Sozialisten irregeleiteten und egoistisch gewordenen Proletariat verkannt und im entscheidenden Augenblicke verlassen worden sei. Und sie findet ein allgemeines Echo in der bürgerlichen Welt. Ich spreche natürlich hier nicht von deutschen Winkelpolitikern und Gesinnungslümmeln. Ich verweise z. B. auf denselben Oekonomist, der noch am 29. November 1851, also vier Tage vor dem Staatsstreich, Bonaparte für die „Schildwache der Ordnung", die Thiers und Berryer aber für „Anarchisten" erklärte und schon am 27. Dezember 1851, nachdem Bonaparte jene Anarchisten zur Ruhe gebracht hat, über den Verrath schreit, den „ignorante, unerzogne, stupide Proletariermassen an dem Geschick, der Kenntniß, der Disziplin, dem geistigen Einfluß, den intellektuellen Hülfsquellen und dem moralischen Gewicht der mittleren und höheren Gesellschaftsränge" verübt hätten. Die stupide, ignorante und gemeine Masse war Niemand anders, als die Bourgeoismasse selbst.

Frankreich hatte allerdings im Jahre 1851 eine Art von kleiner Handelskrisis erlebt. Ende Februar zeigte sich Verminderung des Exports gegen 1850, im März litt der Handel und schlossen sich die Fabriken, im April schien der Stand der industriellen Departements so verzweifelt wie nach den Februartagen, im Mai war das Geschäft noch nicht wieder aufgelebt, noch am 28. Juni zeigte das Portefeuille der Bank von Frankreich durch ein ungeheures Wachsen der Depositen und eine eben so große Abnahme der Vorschüsse auf Wechsel den Stillstand der Produktion, und erst Mitte Oktober trat wieder eine progressive Besserung des Geschäfts ein. Die französische Bourgeoisie erklärte sich diese Handelsstockung aus rein politischen Gründen, aus dem Kampfe zwischen dem Parlamente und der Exekutivgewalt, aus der Unsicherheit einer nur provisorischen Staatsform, aus der Schreckensaussicht auf den 2. Mai 1852. Ich will nicht läugnen, daß alle diese Umstände einige Industriezweige in Paris und in den Departements herabdrückten. Jedenfalls war aber diese Einwirkung der politischen Verhältnisse nur lokal und unerheblich. Bedarf es eines andern Beweises, als daß die Besserung des Handels gerade in dem Augenblicke eintrat, wo sich der politische Zustand verschlechterte, der politische Horizont verdunkelte und jeden Augenblick ein Blitzstrahl aus dem Elysium erwartet wurde, gegen Mitte Oktober? Der französische Bourgeois, dessen „Geschick, Kenntniß, geistige Einsicht und intellektuelle Hülfsquellen" nicht weiter reichen als seine Nase, konnte übrigens während der ganzen Dauer der Industrieausstellung in London mit der Nase auf die Ursache seiner Handelsmisère stoßen. Während in Frankreich die Fabriken geschlossen wurden, brachen in England kommerzielle Bankerutte aus. Während der industrielle Panic im April und Mai einen Höhepunkt in Frankreich erreichte, erreichte der kommerzielle Panic April und Mai einen Höhepunkt in England. Wie die französische litt die englische Wollindustrie, wie die französische die englische Seidenmanufaktur: Wenn die englischen Baumwollfabriken weiter arbeiteten, geschah mit demselben Profit, wie 1849 und 1850. Der Unterschied war nur der, daß die Krise in Frankreich industriell, in England kommerziell, daß während in Frankreich die Fabriken stillsaßen, sie sich in England ausdehnten, aber unter ungünstigeren Bedingungen wie in den vorhergehenden Jahren, daß in Frankreich der Export, in England der Import die Hauptschläge erhielt. Die gemeinsame Ursache, die natürlich nicht innerhalb der Grenzen des französisch-politischen Horizonts zu suchen ist, war augenscheinlich. 1849 und 1850 waren Jahre der größten materiellen Prosperität und einer Uebergangsproduktion, die erst 1851 als solche hervortrat. Sie wurde im Anfang dieses Jahres durch die Aussicht auf die Industrieausstellung noch besonders befördert. Als eigenthümliche Umstände kamen hinzu: erst der Mißwachs der Baumwollenernte von 1850 und 1851, dann die Sicherheit einer größern Baumwollenernte als erwartet war, erst das Steigen, dann das plötzliche Fallen, kurz die Schwankungen der Baumwollenpreise. Die Rohseidenernte war wenigstens in Frankreich noch unter dem Durchschnittsertrage ausgefallen. Die Wollenmanufaktur endlich hatte sich seit 1848 so sehr ausgedehnt, daß die Wollproduktion ihr nicht nachfolgen konnte und der Preis der Rohwolle in einem großen Mißverhältnisse zu dem Preise der Wollfabrikate stieg. Hier haben wir also in dem Rohmaterial von drei Weltmarktsindustrieen schon dreifaches Material zu einer Handelsstockung. Von diesen besondern Umständen abgesehen war die scheinbare Krise des Jahres 1851 nichts Anders als der Halt, den Ueberproduktion und Ueberspekulation jedes Mal in der Beschreibung des industriellen Kreislaufes macht, bevor sie ihre letzten Kraftanstrengungen zusammenrafft, um fieberhaft den letzten Kreisabschnitt zu durchjagen und bei ihrem Ausgangspunkt, der allgemeinen Handelskrise, wieder anzulangen. In solchen Intervallen der Handelsgeschichte brechen in England kommerzielle Bankerutte aus, während in Frankreich die Industrie selbst stillgesetzt wird, theils durch die gerade dann unerträglich werdende Konkurrenz der Engländer auf allen Märkten zum Rückzug gezwungen, theils als Luxusindustrie vorzugsweise von jeder Geschäftsstockung angegriffen. So macht Frankreich außer den allgemeinen Krisen seine eignen nationalen Handelskrisen durch, die jedoch weit mehr durch den allgemeinen Stand des Weltmarkts als durch französische Lokaleinflüsse bestimmt und bedingt werden. Es wird nicht ohne Interesse sein, dem Vorurtheil des französischen Bourgeois das Urtheil des englischen Bourgeois gegenüber zu stellen. Eins der größten Liverpooler Häuser schreibt in seinem Jahres-Handelsberichte für 1851: „Wenige Jahre haben die bei ihrem Beginnen gehegten Anticipationen mehr getäuscht, als das eben abgelaufene; statt der großen Prosperität der man einstimmig entgegensah, bewies es sich als eins der entmuthigendsten Jahre seit einem Vierteljahrhundert. Es gilt dies natürlich nur von den merkantilen, nicht von den industriellen Klassen. Und doch waren sicherlich Gründe vorhanden beim Beginne des Jahres auf das Gegentheil zu schließen, die Produktenvorräthe waren spärlich, Kapital überflüssig, Nahrungsmittel wohlfeil, ein reicher Herbst war gesichert; ungebrochner Friede auf dem Kontinent und keine politischen oder finanziellen Störungen zu Hause; in der That, die Flügel des Handels waren nie fesselloser.... Wem dies ungünstige Resultat zuschreiben? Wir glauben dem Ueberhandel sowohl in Importen als Exporten. Wenn unsere Kaufleute nicht selbst ihrer Thätigkeit engere Grenzen ziehen, kann uns Nichts im Gleise halten, als alle drei Jahr ein panic."

Man stelle sich nun den französischen Bourgeois vor, wie mitten in diesem Geschäftspanic sein handelskrankes Gehirn gefoltert, umschwirrt, betäubt wird von Gerüchten über Staatsstreiche und Herstellung des allgemeinen Wahlrechts, von dem Kampfe zwischen Parlament und Exekutivgewalt, von dem Frondekrieg der Orleanisten und Legitimisten, von kommunistischen Konspirationen in Südfrankreich, von angeblichen Jacquerien in den Nièvre- und Cher-Departements, von den Reklamen der verschiedenen Präsidentschaftskandidaten, von den marktschreierischen Lösungen der Journale, von den Drohungen der Republikaner, mit den Waffen in der Hand die Konstitution und das allgemeine Stimmrecht behaupten zu wollen, von den Evangelien der emigrirten Helden in partibus, die den Weltuntergang für den 2. Mai 1852 anzeigten, und man begreift, daß der Bourgeois in dieser unsäglichen, geräuschvollen Konfusion von Fusion, Revision, Prorogation, Konstitution, Konspiration, Koalition, Emigration, Usurpation und Revolution seiner parlamentarischen Republik toll zuschnaubt: „Lieber ein Ende mit Schrecken, als ein Schrecken ohn' Ende!"

Bonaparte verstand Schrei. Sein Begriffsvermögen wurde geschärft durch den wachsenden Ungestüm von Gläubigern, die mit jedem Sonnenuntergang, der den Verfalltag, den 2. Mai 1852 näher rückte, einen Protest der Gestirnbewegungen gegen ihre irdischen Wechsel erblickten. Sie waren zu wahren Astrologen geworden. Die Nationalversammlung hatte Bonaparte die Hoffnung auf konstitutionelle Prorogation seiner Gewalt abgeschnitten, die Kandidatur des Prinzen von Joinville gestattete kein längeres Schwanken.

Wenn je ein Ereigniß lange vor seinem Eintritt seinen Schatten vor sich hergeworfen hat, so war es Bonaparte's Staatsstreich. Schon am 29. Januar 1849, kaum einen Monat nach seiner Wahl, hatte er den Vorschlag dazu Changarnier gemacht. Sein eigner Premierminister Odilon Barrot hatte im Sommer 1849 verhüllt, Thiers im Winter 1850 offen die Politik der Staatsstreiche denunzirt.

Persigny hatte im Mai 1851 Changarnier noch einmal für den Coup zu gewinnen gesucht, der "Messager de l'Assemblée" hatte diese Unterhandlung veröffentlicht. Die bonapartistischen Journale drohten bei jedem parlamentarischen Sturme mit einem Staatsstreiche, und je näher die Krise rückte, desto lauter wurde ihr Ton. In den Orgien, die Bonaparte jede Nacht mit männlichem und weiblichem swell mob feierte, so oft die Mitternachtsstunde heranrückte und reichliche Libationen die Zungen gelös't und die Phantasieen erhitzt hatten, wurde der Staatsstreich für den folgenden Morgen beschlossen. Die Schwerter wurden gezogen, die Gläser erklirrten, die Repräsentanten flogen zum Fenster hinaus, der Kaisermantel fiel auf die Schultern Bonaparte's, bis der nächste Morgen wieder den Spuk vertrieb und das erstaunte Paris von wenig verflossenen Vestalinnen und indiskreten Paladinen die Gefahr erfuhr, der es noch einmal entwischt war. In den Monaten September und Oktober überstürzten sich die Gerüchte von einem Coup d'état. Der Schatten nahm zugleich Farbe an, wie ein buntes Daguerreotypbild. Man schlage die Monatsgänge für September und Oktober in den Organen der europäischen Tagespresse nach und man wird wörtlich Andeutungen wie folgende finden: Staatsstreich-Gerüchte erfüllen Paris. Die Hauptstadt soll während der Nacht mit Truppen gefüllt werden und der andre Morgen Dekrete bringen, die die Nationalversammlung auflösen, das Departement der Seine in Belagerungszustand versetzen, das allgemeine Wahlrecht wiederherstellen, an's Volk appelliren. Bonaparte soll Minister für die Ausführung dieser illegalen Dekrete suchen. Die Korrespondenzen, die diese Nachrichten bringen, enden stets mit dem einsilbigen „aufgeschoben." Der Staatsstreich war stets die fire Idee Bonaparte's. Mit dieser Idee hatte er den französischen Boden wiederbetreten. Sie besaß ihn so sehr, daß er sie fortwährend verrieth und ausplauderte. Er war so schwach, daß er sie ebenso fortwährend wieder aufgab. Der Schatten des Staatsstreiches war den Parisern als Gespenst so familiär geworden, daß sie nicht an ihn glauben konnten, als er endlich in Fleisch und Blut erschien. Es war also weder die verschlossene Zurückhaltung des Chefs der Gesellschaft vom 10. Dezember, noch eine ungeahnte Ueberrumpelung von Seiten der Nationalversammlung, was den Staatsstreich gelingen ließ. Wenn er gelang, gelang er trotz seiner Indiskretion und mit ihrem Vorwissen, ein nothwendiges, unvermeidliches Resultat der vorhergegangenen Entwickelung.

Am 10. Oktober kündete Bonaparte seinen Ministern den Entschluß an, das allgemeine Wahlrecht wieder herstellen zu wollen, am 16. gaben sie ihre Entlassung, am 26. erfuhr Paris die Bildung des Ministeriums Thorigny. Der Polizeipräfekt Carlier wurde gleichzeitig durch Maupas ersetzt, der Chef der ersten Militärdivision, Magnan, zog die zuverlässigsten Regimenter der Hauptstadt zusammen. Am 4. November eröffnete die Nationalversammlung wieder ihre Sitzungen. Sie hatte nichts mehr zu thun, als in einem kurzen bündigen Repetitorium den Cursus, den sie durchgemacht hatte, zu wiederholen und zu beweisen, daß sie erst begraben würde, nachdem sie gestorben war.

Der erste Posten, den sie im Kampfe mit der Exekutivgewalt eingebüßt hatte, war das Ministerium. Sie mußte diesen Verlust freilich eingestehn, indem sie das Ministerium Thorigny, ein bloßes Scheinministerium, als voll hinnahm. Die Permanenzkommission hatte Herrn Giraud mit Lachen empfangen, als er sich im Namen der neuen Minister vorstellte. Ein so schwaches Ministerium für so starke Maßregeln, wie die Wiederherstellung des allgemeinen Wahlrechts! Aber es handelte sich eben darum, Nichts im Parlamente, Alles gegen das Parlament durchzusetzen.

Gleich am ersten Tage ihrer Wiedereröffnung erhielt die Nationalversammlung die Message Bonaparte's, worin er Wiederherstellung des allgemeinen Wahlrechts und Abschaffung des Gesetzes vom 31. Mai 1850 verlangte. Seine Minister brachten an demselben Tage ein Dekret in diesem Sinne ein. Die Versammlung verwarf sofort den Dringlichkeitsantrag der Minister und das Gesetz selbst am 13. November mit 355 gegen 348 Stimmen. Sie zerriß so noch einmal ihr Mandat, sie bestätigte noch einmal daß sie sich aus der freigewählten Repräsentation des Volkes in das usurpatorische Parlamet einer Klasse verwandelt, sie bekannte noch einmal, daß sie selbst die Muskeln entzweigeschnitten hatte, die den parlamentarischen Kopf mit dem Körper der Nation verbanden.

Wenn die Erekutivgewalt durch ihren Antrag auf Wiederherstellung des allgemeinen Wahlrechts von der Nationalversammlung an das Volk, appellirte die gesetzgebende Gewalt durch ihre Quästorenbill von dem Volke an die Armee. Diese Quästorenbill sollte ihr Recht auf unmittelbare Requisition der Truppen, auf Bildung einer parlamentarischen Armee festsetzen. Wenn sie so die Armee zum Schiedsrichter zwischen sich und dem Volke, zwischen sich und Bonaparte nannte, wenn sie die Armee als die höchste Staatsgewalt anerkannte, mußte sie andrerseits bestätigen, daß sie längst den Anspruch auf Herrschaft über dieselbe aufgegeben habe. Indem sie, statt sofort Truppen zu requiriren, das Recht der Requisition debattirte, verrieth sie den Zweifel an ihrer eignen Macht. Indem sie die Quästorenbill verwarf, gestand sie offen ihre Ohnmacht. Diese Bill fiel durch mit einer Minorität von 108 Stimmen, die Montagne hatte so den Ausschlag gegeben. Sie befand sich in der Lage von Buridan's Esel, zwar nicht zwischen zwei Säcken Heu, um zu entscheiden, welcher der anziehendere, wohl aber zwischen zwei Trachten Prügel, um zu entscheiden, welche die härtere sei. Auf der einen Seite die Furcht vor Changarnier, auf der andern die Furcht vor Bonaparte. Man muß gestehen, daß die Lage keine heroische war.

Am 18. November wurde von dem von der Ordnungspartei selbst eingebrachten Gesetze über die Kommunalwahlen das Amendement gestellt, daß statt drei Jahren ein Jahr domizil für die Kommunalwähler genügen solle. Das Amendement fiel mit einer einzigen Stimme durch, aber diese eine Stimme stellte sich sofort als ein Irrthum heraus. Die Ordnungspartei hatte durch Zersplitterung in ihre feindlichen Fraktionen längst ihre selbstständig-parlamentarische Majorität eingebüßt. Sie zeigte jetzt, daß überhaupt keine Majorität im Parlament mehr vorhanden war. Die Nationalversammlung war b e s c h l u ß u n f ä h i g geworden. Ihre atomistischen Bestandtheile hingen durch keine Kohäsionskraft mehr zusammen, sie hatte ihren letzten Lebensathem verbraucht, sie war todt.

Die außerparlamentarische Masse der Bourgeoisie endlich sollte ihren Bruch mit der Bourgeoisie im Parlamente noch einmal einige Tage vor der Katastrophe feierlich bestätigen. Thiers, als parlamentarischer Held vorzugsweise von der unheilbaren Krankheit des parlamentarischen Kretenismus angesteckt, hatte nach dem Tode des Parlaments eine parlamentarische Intrigue mit dem Staatsrathe ausgeheckt, ein Verantwortlichkeitsgesetz, das den Präsidenten in die Schranken der Verfassung festbannen sollte. Wie Bonaparte am 15. September bei Grundlegung zu den neuen Markthallen von Paris die dames des halles, die Fischweiber als zweiter Masaniello bezaubert hatte — allerdings wog ein Fischweib an realer Gewalt 17 Burggrafen auf —, wie er nach Vorlegung der Quästorenbill die in dem Elysée traktirten, Lieutenants begeisterte, so riß er jetzt am 25. November die industrielle Bourgeoisie mit sich fort, die im Circus versammelt war, um aus seiner Hand Preismedaillen für die Londoner Industrieausstellung entgegenzunehmen. Ich gebe den bezeichnenden Theil seiner Rede nach dem "Journal des débats:" „Mit solch' unverhofften Erfolgen bin ich berechtigt zu wiederholen, wie groß die französische Republik sein würde, wenn es ihr gestattet wäre, ihre realen Interessen zu verfolgen und ihre Institutionen zu reformiren, statt beständig gestört zu werden einerseits durch die Demagogen, andrerseits durch die monarchischen Hallucinationen. (Lauter, stürmischer und wiederholter Applaus von jedem Theile des Amphitheaters.) Die monarchischen Hallucinationen verhindern allen Fortschritt und alle ernsten Industriezweige. Statt des Fortschritts nur Kampf. Man sieht Männer, die früher die eifrigsten Stützen der königlichen Autorität und Prärogativen waren, Parteigänger eines Konvents werden, blos um die Autorität zu schwächen, die aus dem allgemeinen Stimmrecht entsprungen ist. (Lauter und wiederholter Applaus.)

Wir sehen Männer, die am meisten von der Revolution gelitten und sie am meisten bejammert hatten, eine neue provoziren, und nur um den Willen der Nation zu fesseln .... Ich verspreche Euch Ruhe für die Zukunft zc. zc. (Bravo, bravo, stürmisches Bravo.) — So klatscht die industrielle Bourgeoisie dem Staatsstreiche vom 2. Dezember, der Vernichtung des Parlaments, dem Untergang ihrer eignen Herrschaft, der Diktatur Bonaparte's ihr serviles Bravo zu. Der Beifallsdonner vom 25. November erhielt seine Antwort in dem Kanonendonner vom 3. bis zum 6. Dezember, und das Haus des Herrn Sallantrouze, der die meisten Bravos geklatscht hatte, wurde von den meisten Bomben zerklatscht.

Cromwell, als er das lange Parlament auflöste, begab sich allein in die Mitte desselben, zog seine Uhr heraus, damit es keine Minute über die von ihm festgesetzte Frist fortexistire und versagte jedes einzelne Parlamentsglied mit heiter humoristischen Schmähungen. Napoleon, kleiner als sein Vorbild, begab sich am 18. Brumaire wenigstens in den gesetzgebenden Körper und verlas ihm, wenn auch mit beklommener Stimme, sein Todesurtheil. Der zweite Bonaparte, der sich übrigens im vorhandenen Besitz einer ganz andern Exekutivgewalt befand, als Cromwell und Napoleon, suchte sein Vorbild nicht in den Annalen der Weltgeschichte, sondern in den Annalen der Gesellschaft vom 10. Dezember, in den Annalen der Kriminalgerichtsbarkeit. Er bestiehlt die Bank von Frankreich um 25 Millionen Francs, kauft den General Magnan mit einer Million, die Soldaten Stück für Stück mit 15 Francs und mit Schnaps, findet sich wie ein Dieb in der Nacht mit seinen Spießgesellen heimlich zusammen, läßt in die Häuser der gefährlichsten Parlamentsführer einbrechen und Cavaignac, Lamoricière, Leflô, Changarnier, Charras, Thiers, Baze zc. aus ihren Betten entführen, die Hauptplätze von Paris sowie das Parlamentsgebäude mit Truppen besetzen und früh am Morgen marktschreierische Plakate an allen Mauern anschlagen, worin die Auflösung der Nationalversammlung und des Staatsraths, die Wiederherstellung des allgemeinen Wahlrechts und die Versetzung des Seinedepartements in Belagerungszustand verkündet wird. So rückt er kurz nachher ein falsches Dokument in den Moniteur ein, wonach einflußreiche parlamentarische Namen sich in einer Staatsconsulta um ihn gruppirt hätten.

Das im Mairiegebäude des 10. Arondissements versammelte Rumpfparlament, hauptsächlich aus Legitimisten und Orleanisten bestehend, beschließt unter dem wiederholten Rufe, „es lebe die Republik," die Absetzung Bonaparte's, haranguirt umsonst die vor dem Gebäude gaffende Masse und wird endlich unter dem Geleite afrikanischer Scharfschützen erst in die Kaserne d'Orsay geschleppt, später in Zellenwagen verpackt und nach den Gefängnissen von Mazas, Ham und Vincennes transportirt. So endete die Ordnungspartei, die legislative Versammlung und die Februarrevolution. Ehe wir zum Schluß eilen, kurz das Schema ihrer Geschichte:

I. Erste Periode. Vom 24. Februar bis 4. Mai 1848. Februarperiode. Prolog. Allgemeiner Verbrüderungsschwindel.

II. Zweite Periode. Periode der Konstituirung der Republik und der konstituirenden Nationalversammlung.

  1) 4. Mai bis 25. Juni 1848. Kampf sämmtlicher Klassen gegen das Proletariat. Niederlage des Proletariats in den Junitagen.

  2) 25. Juni bis 10. Dezember 1848. Diktatur der reinen Bourgeois-Republikaner. Entwerfung der Konstitution. Verhängung des Belagerungszustandes über Paris. Die Bourgeois-Diktatur am 10. Dezember beseitigt durch die Wahl Bonaparte's zum Präsidenten.

  3) 20. Dezember 1848 bis 29. Mai 1849. Kampf der Konstituante mit Bonaparte und der mit ihm vereinigten Ordnungspartei. Untergang der Konstituante. Fall der republikanischen Bourgeoisie.

III. Dritte Periode. Periode der konstitutionellen Republik und der legislativen Nationalversammlung.

  1) 29. Mai 1849 bis 13. Juni 1849. Kampf der Kleinbürger mit der Bourgeoisie und mit Bonaparte. Niederlage der kleinbürgerlichen Demokratie.

2) 13. Juni 1849 bis 31. Mai 1850. Parlamentarische Diktatur der Ordnungspartei. Vollendet ihre Herrschaft durch Abschaffung des allgemeinen Wahlrechts, verliert aber das parlamentarische Ministerium.
3) 31. Mai 1850 bis 2. Dezember 1852. Kampf zwischen der parlamentarischen Bourgeoisie und Bonaparte.
   a) 31. Mai 1850 bis 12. Januar 1851. Das Parlament verliert den Oberbefehl über die Armee.
   b) 12. Januar bis 11. April 1851. Es unterliegt in den Versuchen sich der Administrativgewalt wieder zu bemächtigen. Die Ordnungspartei verliert die selbstständige parlamentarische Majorität. Koalition mit den Republikanern und der Montagne.
   c) 11. April 1851 bis 9. Oktober 1851. Revisions-, Fusions-, Prorogations-Versuche. Die Ordnungspartei löst sich in ihre einzelnen Bestandtheile auf. Der Bruch des Bourgeoisparlaments und der Bourgeoispresse mit der Bourgeoismasse konsolidirt sich.
   d) 9. Oktober bis 2. Dezember 1852. Offener Bruch zwischen dem Parlament und der Exekutivgewalt. Es vollzieht seinen Sterbeakt und unterliegt, von seiner eignen Klasse, von der Armee, von allen übrigen Klassen im Stiche gelassen. Untergang des parlamentarischen Régime's und der Bourgeoisherrschaft. Sieg Bonaparte's. Imperialistische Restaurationsparodie.

VII.

Die soziale Republik erschien als Phrase, als Prophezeiung an der Schwelle der Februarrevolution. In den Junitagen 1848 wurde sie im Blute des Pariser Proletariats erstickt, aber sie geht in den folgenden Akten des Dramas als Gespenst um. Die demokratische Republik kündigte sich an. Sie verpufft am 13. Juni 1849 mit ihren davongelaufenen Kleinbürgern, aber im Fliehen wirft sie doppelt renomirende Reklamen hinter sich. Die parlamentarische Republik mit der Bourgeoisie bemächtigt sich der ganzen Bühne, sie lebt sich aus in der vollen Breite ihrer Existenz, aber der 2. Dezember 1851 begräbt sie unter dem Angstschrei der koalisirten Royalisten: „Es lebe die Republik!"

Die soziale und die demokratische Republik haben Niederlagen erlebt, aber die parlamentarische Republik, die Republik der royalistischen Bourgeoisie ist untergegangen, wie die reine Republik, die Republik der Bourgeois-Republikaner, untergegangen ist.

Die französische Bourgeoisie bäumte sich gegen die Herrschaft des arbeitenden Proletariats, sie hat das Lumpenproletariat zur Herrschaft gebracht, an der Spitze den Chef der Gesellschaft vom 10. Dezember. Die Bourgeoisie hielt Frankreich in athemloser Furcht vor dem zukünftigen Schrecken der rothen Anarchie; Bonaparte escomptirte ihr diese Zukunft, als er am 3. und 4. Dezember die vornehmen Bürger des Boulevard Montmartre und des Boulevard des Italiens durch die schnapsbegeisterte Armee der Ordnung von ihren Fenstern herabschießen ließ. Sie apotheosirte den Säbel; der Säbel beherrscht sie. Sie vernichteten die revolutionäre Presse; ihre eigne Presse ist vernichtet. Sie stellte die Volksversammlung unter Polizeiaufsicht; ihre Salons stehen unter der Aufsicht der Polizei. Sie lösten die demokratischen Nationalgarden auf; ihre eigne Nationalgarde ist aufgelöst. Sie verhingen den Belagerungszustand; der Belagerungszustand ist über sie verhängt. Sie verdrängten die Jurys durch Militärkommissionen; ihre Jurys sind durch Militärkommissionen verdrängt. Sie unterwarfen den Volksunterricht den Pfaffen; die Pfaffen unterwarfen sie ihrem eignen Unterricht. Sie transportirten ohne Urtheil; sie werden ohne Urtheil transportirt. Sie unterdrückten jede Regung der

Gesellschaft durch die Staatsmacht; jede Regung ihrer Gesellschaft wird durch die Staatsmacht erdrückt. Sie rebellirten aus Begeisterung für ihren Geldbeutel, gegen ihre eignen Politiker und Literaten; ihre Politiker und Literaten sind beseitigt, aber ihr Geldbeutel wird geplündert, nachdem sein Mund geknebelt und seine Feder zerbrochen ist. Die Bourgeoisie rief der Revolution unermüdlich zu, wie der heilige Arsenius den Christen: "Fuge, Tace, Quiesce! Fliehe, Schweige, Ruhe!" Bonaparte ruft der Bourgeoisie zu: "Fuge, Tace, Quiesce! Fliehe, Schweige, Ruhe!"

Die französische Bourgeoisie hatte längst das Dilemma Napoleon's gelöst: "Dans cinquante ans l'Europe sera républicaine ou cosaque." Sie hatte es gelöst in der "république cosaque." Keine Circe hat das Kunstwerk der bürgerlichen Republik durch bösen Zauber in eine Ungestalt verzerrt. Jene Republik hat nichts verloren, als ihre rhetorischen Arabesken, die Anstandsformen, mit einem Wort den Schein der Respektabilität. Das jetzige Frankreich war fertig in der parlamentarischen Republik enthalten. Es bedurfte nur eines Bajonetstichs, damit die Blase platze und das Ungeheuer in die Augen springe.

Der nächste Zweck der Februarrevolution war, die Dynastie Orleans und den Theil der Bourgeoisie, der unter ihr herrschte, zu stürzen. Erst am 2. Dezember 1851 ist dieser Zweck erreicht worden. Nun wurden die ungeheuren Besitzungen des Hauses Orleans, die reale Grundlage seines Einflusses, konfiszirt, und was man nach der Februarrevolution erwartet hatte, trat nach dem Dezember ein, Gefängniß, Flucht, Absetzung, Verbannung, Entwaffnung, Verhöhnung der Männer, die seit 1830 Frankreich mit ihrem Rufe ermüdet hatten. Aber unter Louis Philippe herrschte nur ein Theil der kommerziellen Bourgeoisie. Die andern Fraktionen derselben bildeten die dynastische und eine republikanische Opposition, oder standen ganz außerhalb des sogenannten legalen Landes. Erst die parlamentarische Republik nahm alle Fraktionen der kommerziellen Bourgeoisie in ihren Staatskreis auf. Unter Louis Philippe schloß zudem die kommerzielle Bourgeoisie die landbesitzende aus. Erst die parlamentarische Republik stellte sie gleichberechtigt neben einander, vermählte die Julimonarchie mit der legitimen Monarchie und verschmolz zwei Epochen der Herrschaft des Eigenthums in Eine. Unter Louis Philippe verbarg der bevorzugte Theil der Bourgeoisie seine Herrschaft unter der Krone; in der parlamentarischen Republik zeigte die Herrschaft der Bourgeoisie, nachdem sie alle ihre Elemente vereint und ihr Reich zum Reiche ihrer Klasse erweitert hatte, nackt ihr Haupt. So mußte die Revolution selbst erst die Form schaffen, worin die Herrschaft der Bourgeoisklasse ihren weitesten, allgemeinsten und letzten Ausdruck gewinnen, also nun auch gestürzt werden konnte, ohne wieder aufstehn zu können.

Erst jetzt wurde das im Februar erlassene Urtheil an der orleanistischen Bourgeoisie, d. h. an der lebensfähigsten Fraktion der französischen Bourgeoisie vollstreckt. Jetzt wurde sie geschlagen an ihrem Parlamente, ihrem Advokatenbureau, ihren Handelsgerichten, ihren Provinzialvertretungen, ihrem Notariat, ihrer Universität, ihrer Tribune und ihren Tribunalen, ihrer Presse und ihrer Literatur, ihren Administrationseinkünften und ihren Gerichtsportlen, ihren Armengehalten und ihren Staatsrenten, an ihrem Geist und an ihrem Körper. Blanqui hatte die Auflösung der Bourgeoisgarden als erste Forderung an die Revolution gestellt, und die Bourgeoisgarden, die im Februar der Revolution die Hand reichten, um sie am Gehen zu hindern, sind im Dezember von der Bühne verschwunden. Das Pantheon selbst verwandelt sich wieder in eine ordinäre Kirche. Mit der letzten Form des Bourgeoisrégimes ist auch der Zauber gebrochen, der seine Initiatoren vom achtzehnten Jahrhundert in Heilige verklärt hatte. Als Guizot das Gelingen des Staatsstreichs am 2. Dezember erfuhr, rief er daher aus: C'est le triomphe complet et definitif du Socialisme! Das ist der vollständige und definitive Triumph des Sozialismus! Das heißt: das ist der definitive und vollständige Sturz der Bourgeoisherrschaft.

Warum hat das Proletariat nicht die Bourgeoisie gerettet? Darin löst sich die

Frage auf: Warum hat sich das Pariser Proletariat nicht nach dem 2. Dezember erhoben?

Noch war der Sturz der Bourgeoisie erst dekretirt, das Dekret war nicht vollzogen. Jede wirklich revolutionäre Erhebung des Proletariats hätte sie sofort neu belebt, mit der Armee ausgesöhnt und den Arbeitern eine zweite Juniniederlage gesichert.

Am 4. Dezember wurde das Proletariat von Bourgeois und Epiciers zum Kampfe aufgestachelt. Am Abende dieses Tages versprachen mehrere Legionen der Nationalgarde bewaffnet und uniformirt auf dem Kampfplatze zu erscheinen. Bourgeois und Epicier waren nämlich dahinter gekommen, daß Bonaparte in einem seiner Dekrete vom 2. Dezember das geheime Votum abschaffte und ihnen anbefahl, in den offiziellen Registern hinter ihren Namen ihr Ja oder Nein einzutragen. Der blutige Widerstand vom 4. Dezember schüchterte Bonaparte ein. Während der Nacht ließ er an allen Straßenecken von Paris Plakate anschlagen, die die Wiederherstellung des geheimen Votums verkündeten. Bourgeois und Epicier glaubten ihren Zweck erreicht zu haben. Wer nicht am andern Morgen erschien, waren Epicier und Bourgeois.

Das Pariser Proletariat, zudem durch einen Handstreich Bonaparte's während der Nacht vom 1. auf den 2. Dezember seiner Führer, der Barrikadenchefs beraubt, eine Armee ohne Offiziere, durch seine Erinnerungen vom Juni 1848 und 1849 und vom Mai 1850 zu aufgeklärt, um unter dem Banner der Montagnards zu kämpfen, handelte also mit richtiger Würdigung seiner eignen Kräfte und der allgemeinen Situation, wenn es seiner Avantgarde, den geheimen Gesellschaften überließ, die insurrektionelle Ehre von Paris zu retten, die von der Bourgeois so widerstandslos der Soldateska preisgegeben wurde, daß Bonaparte später die Nationalgarde mit der höhnischen Motive entwaffnen konnte: nicht weil er fürchte, sie mißbrauchten seine Waffen gegen ihn, sondern die Anarchisten mißbrauchten diese Waffen gegen sie selbst.

"C'est le triomphe complet et definitif du Socialisme!" So charakterisirte Guizot den 2. Dezember. Aber wenn der Sturz der parlamentarischen Republik dem Keime nach den Triumph der proletarischen Revolution in sich enthält, so war ihr nächstes handgreifliches Resultat der Sieg Bonaparte's über das Parlament, der Exekutivgewalt über die Legislativgewalt, der Gewalt ohne Phrase über die Gewalt der Phrase. Die eine Gewalt des alten Staats ist so zunächst nur von ihrer Schranke befreit, zur unumschränkten, absoluten Gewalt geworden. In dem Parlamente erhob die Nation ihren allgemeinen Willen zum Gesetze, d. h. das Gesetz der herrschenden Klasse zu ihrem allgemeinen Willen. Vor der Exekutivgewalt dankt sie jeden eignen Willen ab und unterwirft sich dem Machtgebot des Fremden, der Autorität. Die Exekutivgewalt im Gegensatz zur legislativen drückt die Heteronomie der Nation im Gegensatz zu ihrer Autonomie aus. Frankreich scheint also nur der Despotie einer Klasse entlaufen, um unter die Despotie eines Individuums zurückzufallen und zwar unter die Autorität eines Individuums ohne Autorität. Der Kampf scheint so geschlichtet, daß alle Klassen gleich machtlos und gleich lautlos vor dem Kolben niederknien.

Aber die Revolution ist gründlich. Sie ist noch auf der Reise durch das Fegefeuer begriffen. Sie vollbringt ihr Geschäft mit Methode. Bis zum 2. Dezember 1851 hatte sie die eine Hälfte ihrer Vorbereitung absolvirt, sie absolvirt jetzt die andre. Sie vollendete erst die parlamentarische Gewalt, um sie stürzen zu können. Jetzt, wo sie dies erreicht, vollendet sie die Exekutivgewalt, reduzirt sie auf ihren reinsten Ausdruck, isolirt sie, stellt sie als einzigen Vorwurf gegenüber, um alle ihre Kräfte der Zerstörung gegen sie zu konzentriren. Und wenn sie diese zweite Hälfte ihrer Vorarbeit vollbracht hat, wird ganz Europa von seinem Sitze aufspringen und jubeln: Brav gewühlt, alter Maulwurf!

Diese Exekutivgewalt mit ihrer ungeheuren bureaukratischen und militärischen

Organisation, mit ihrer weitschichtigen und künstlichen Staatsmaschinerie, ein Beamtenheer von einer halben Million neben einer Armee von einer andern halben Million, dieser fürchterliche Parasitenkörper, der sich wie eine Nethaut um den Leib der französischen Gesellschaft schlingt und ihr alle Poren verstopft, entstand in der Zeit der absoluten Monarchie, beim Verfall des Feudalwesens, den er beschleunigen half. Die herrschaftlichen Privilegien der Grundeigenthümer und Städte verwandelten sich in eben so viele Attribute der Staatsgewalt, die feudalen Würdenträger in bezahlte Beamte und die bunte Musterkarte der widerstreitenden mittelalterlichen Machtvollkommenheiten in den geregelten Plan einer Staatsmacht, deren Arbeit fabrikmäßig getheilt und zentralisirt ist. Die erste französische Revolution mit ihrer Aufgabe, alle lokalen, territorialen, städtischen und provinziellen Sondergewalten zu brechen, um die bürgerliche Einheit der Nation zu schaffen, mußte entwickeln, was die absolute Monarchie begonnen hatte, die Centralisation, aber zugleich den Umfang, die Attribute und die Handlanger der Regierungsgewalt. Napoleon vollendete diese Staatsmaschinerie. Die legitime und die Juli-Monarchie fügten nichts hinzu, als eine größere Theilung der Arbeit, in demselben Maaße wachsend, als die Theilung der Arbeit innerhalb der bürgerlichen Gesellschaft neue Gruppen von Interessen schuf, also neues Material für die Staatsverwaltung. Jedes gemeinsame Interesse wurde sofort von der Gesellschaft losgelöst, als höheres, allgemeines Interesse ihr gegenübergestellt, der Selbstthätigkeit der Gesellschaftsglieder entrissen und zum Gegenstand der Regierungs-Thätigkeit gemacht, von der Brücke, dem Schulhaus und dem Kommunalvermögen einer Dorfgemeinde bis zu den Eisenbahnen, dem Nationalvermögen und der Landesuniversität Frankreichs. Die parlamentarische Republik endlich sah sich in ihrem Kampfe mit der Revolution gezwungen, mit den Repressivmaßregeln die Mittel und die Centralisation der Regierungsgewalt zu verstärken. Alle Umwälzungen vervollkommneten diese Maschine statt sie zu brechen. Die Parteien, die abwechselnd um die Herrschaft rangen, betrachteten die Besitznahme dieses ungeheuren Staatsgebäudes als die Hauptbeute des Siegers.

Aber unter der absoluten Monarchie, während der ersten Revolution, unter Napoleon, war die Bureaukratie nur das Mittel, die Klassenherrschaft der Bourgeoisie vorzubereiten. Unter der Restauration, unter Louis Philippe, unter der parlamentarischen Republik war sie das Instrument der herrschenden Klasse, so sehr sie auch nach Eigenmacht strebte.

Erst unter dem zweiten Bonaparte scheint sich der Staat der Gesellschaft gegenüber verselbstständigt und sie unterjocht zu haben. Die Selbstständigkeit der Exekutivgewalt tritt offen hervor, wo ihr Chef nicht mehr des Genie's, ihre Armee nicht mehr des Ruhms und ihre Bureaukratie nicht mehr der moralischen Autorität bedarf, um sich zu rechtfertigen. Die Staatsmaschine hat sich der bürgerlichen Gesellschaft gegenüber so befestigt, daß an ihrer Spitze der Chef der Gesellschaft vom 10. Dezember genügt, ein aus der Fremde herbeigelaufener Glücksritter, auf das Schild gehoben von einer trunkenen Soldateska, die er durch Schnaps und Würste erkauft hat, nach der er stets von Neuem mit Wurst werfen muß. Daher die kleinlaute Verzweiflung, das Gefühl der ungeheuersten Demüthigung, Herabwürdigung, das die Brust Frankreichs beklemmt und seinen Athem stocken macht. Es fühlt sich wie entehrt. Wie Napoleon ihm kaum mehr einen Vorwand für die Freiheit, läßt ihm der zweite Bonaparte keinen Vorwand mehr für die Knechtschaft.

Und dennoch schwebt die Staatsgewalt nicht in der Luft. Bonaparte vertritt eine Klasse und zwar die zahlreichste Klasse der französischen Gesellschaft, die Parzellenbauern.

Wie die Bourbons die Dynastie des großen Grundeigenthums, wie die Orleans die Dynastie des Geldes, so sind die Bonaparte's die Dynastie der Bauern, d. h. der französischen Volksmassen. Nicht der Bonaparte, der sich dem Bourgeoisparlamente unterwarf, sondern der Bonaparte, der das Bourgeoisparlament auseinanderjagte, ist der Auserwählte der Bauern. Drei Jahre war es den Städten gelungen, den Sinn der Wahl vom 10. Dezember zu verfälschen und die Bauern um die Wiederherstellung des Kaiserreichs zu prellen. Die Wahl vom 10. Dezember 1848 ist erst erfüllt worden durch den coup d'état vom 2. Dezember 1851.

Die Parzellenbauern bilden eine ungeheure Maße, deren Glieder in gleicher Situation leben, aber ohne in mannichfache Beziehung zu einander zu treten. Ihre Produktionsweise isolirt sie von einander, statt sie in wechselseitigen Verkehr zu bringen. Die Isolirung wird gefördert durch die schlechten französischen Kommunikationsmittel und die Armuth der Bauern. Ihr Produktionsfeld, die Parzelle, läßt in ihrer Kultur keine Theilung der Arbeit zu, keine Anwendung der Wissenschaft, also keine Mannichfaltigkeit der Entwickelung, keine Verschiedenheit der Talente, keinen Reichthum der gesellschaftlichen Verhältnisse. Jede einzelne Bauernfamilie genügt beinahe sich selbst, producirt unmittelbar selbst den größten Theil ihres Konsums und gewinnt so ihr Lebensmaterial mehr im brutalen Austausche mit der Natur, als im Verkehr mit der Gesellschaft. Die Parzelle, der Bauer und die Familie; daneben eine andre Parzelle, ein andrer Bauer und eine andre Familie. Ein Schock davon macht ein Dorf und ein Schock von Dörfern macht ein Departement. So wird die große Masse der französischen Nation gebildet durch einfache Addition gleichnamiger Größen, wie etwa ein Sack von Kartoffeln einen Kartoffelsack bildet. Insofern Millionen von Familien unter ökonomischen Existenzbedingungen leben, die ihre Lebensweise, ihre Interessen und ihre Bildung von denen der andern Klassen trennen und ihnen feindlich gegenüberstellen, bilden sie eine Klasse. Insofern ein nur lokaler Zusammenhang unter den Parzellenbauern besteht, die Dieselbigkeit ihrer Interessen keine Gemeinsamkeit, keine nationale Verbindung und keine politische Organisation unter ihnen erzeugt, bilden sie keine Klasse. Sie sind daher unfähig ihr Klasseninteresse im eigenen Namen, sei es durch ein Parlament, sei es durch einen Konvent geltend zu machen. Sie können sich nicht vertreten, sie müssen vertreten werden. Ihr Vertreter muß zugleich als ihr Herr, als eine Autorität über ihnen erscheinen, als eine unumschränkte Regierungsgewalt, die sie vor den andern Klassen beschützt und ihnen von oben Regen und Sonnenschein schickt. Der politische Einfluß der Parzellenbauern findet also darin seinen letzten Ausdruck, daß die Exekutivgewalt sich das Parlament, der Staat sich die Gesellschaft unterordnet.

Durch die geschichtliche Tradition ist der Wunderglaube der französischen Bauern entstanden, daß ein Mann Namens Napoleon ihnen alle Herrlichkeit wiederbringen werde. Und es fand sich ein Individuum, das sich für diesen Mann ausgibt, weil es den Namen Napoleon trägt, in Folge des Code Napoléon, der anbefiehlt: "Moute recherche de la paternité est interdite." Nach zwanzigjähriger Vagabundage und eine Reise von grotesken Abentheuern erfüllt sich die Sage und der Mann wird Kaiser der Franzosen. Die fixe Idee des Neffen verwirklichte sich, weil sie mit der fixen Idee der zahlreichsten Klasse der Franzosen zusammenfiel.

Aber, wird man mir vorwerfen, die Bauernaufstände in halb Frankreich, die Treibjagden der Armee auf die Bauern, die massenhafte Einkerkerung und Transportation der Bauern?

Seit Ludwig XIV. hat Frankreich keine ähnliche Verfolgung der Bauern „wegen demagogischer Umtriebe" erlebt.

Aber man verstehe wohl. Die Dynastie Bonaparte repräsentirt nicht den revolutionären, sondern den konservativen Bauer, nicht den Bauer, der über seine soziale Existenzbedingung, die Parzelle hinausdringt, sondern der sie vielmehr befestigen will, nicht das Landvolk, das durch eigne Energie im Anschlusse an die Städte die alte Ordnung umstürzen, sondern umgekehrt dumpf verschlossen in dieser alten Ordnung sich mit sammt seinen Parzellen von dem Gespenste des Kaiserthums gerettet und bevorzugt sehen will. Sie repräsentirt nicht die Aufklärung, sondern den Aberglauben des Bauern, nicht sein Urtheil, sondern sein Vorurtheil, nicht seine Zukunft, sondern seine Vergangenheit, nicht seine modernen Cevennen, sondern seine moderne Vendée.

Die dreijährige harte Herrschaft der parlamentarischen Republik hatte einen Theil der französischen Bauern von der napoleonischen Illusion befreit und wenn auch nur noch oberflächlich revolutionirt, aber die Bourgeoisie warf sie gewaltsam zurück, so oft sie sich in Bewegung setzten. Unter der parlamentarischen Republik rang das moderne mit dem traditionellen Bewußtsein der französischen Bauern. Der Prozeß ging vor sich in der Form eines unaufhörlichen Kampfes zwischen den Schulmeistern und den Pfaffen. Die Bourgeoisie schlug die Schulmeister nieder. Die Bauern machten zum ersten Mal Anstrengungen, der Regierungsthätigkeit gegenüber sich selbstständig zu verhalten. Es erschien dies in dem fortgesetzten Konflikte der Maires mit den Präfekten. Die Bourgeoisie setzte die Maires ab. Endlich erhoben sich die Bauern verschiedener Orte Frankreichs während der Periode der parlamentarischen Republik gegen ihre eigne Ausgeburt, die Armee. Die Bourgeoisie bestrafte sie mit Belagerungszuständen und Exekutionen. Und dieselbe Bourgeoisie schreit jetzt über die Stupidität der Massen der vile multitude, die sie an Bonaparte verrathen hat. Sie selbst hat den Imperialismus der Bauernklasse gewaltsam befestigt, sie hielt die Zustände fest, die die Geburtsstätte dieser Bauernreligion bilden. Allerdings muß die Bourgeoisie die Dummheit der Massen fürchten, so lange sie konservativ bleiben, und die Einsicht der Massen, sobald sie revolutionär werden.

In den Aufständen nach dem coup d'état protestirte ein Theil der französischen Bauern mit den Waffen in der Hand gegen sein eignes Votum vom 10. Dezember 1848. Die Schule seit 1848 hatte sie gewitzigt. Allein sie hatten sich der geschichtlichen Unterwelt verschrieben, die Geschichte hielt sie beim Worte und noch war die Mehrzahl so befangen, daß gerade in den rothesten Departements die Bauernbevölkerung öffentlich für Bonaparte stimmte. Die Nationalversammlung hatte ihn nach ihrer Ansicht am Gehen verhindert. Er hatte jetzt nur die Fessel gebrochen, die die Städte dem Willen des Landes angelegt. Sie trugen sich stellenweise sogar mit der grotesken Vorstellung: neben einem Napoleon ein Konvent.

Nachdem die erste Revolution die halbhörigen Bauern in freie Grundeigenthümer verwandelt hatte, befestigte und regelte Napoleon die Bedingungen, worin sie ungestört den eben erst ihnen anheim gefallenen Boden Frankreichs ausbeuten und die jugendliche Lust am Eigenthum büßen konnten. Aber woran der französische Bauer jetzt untergeht, es ist seine Parzelle selbst, die Theilung des Grund und Bodens, die Eigenthumsform, die Napoleon in Frankreich konsolidirte. Es sind eben die materiellen Bedingungen, die den französischen Feudalbauern zum Parzellenbauer und Napoleon zum Kaiser machten. Zwei Generationen haben hingereicht, um ihr unvermeidliches Resultat zu erzeugen: progressive Verschlechterung des Ackerbaues, progressive Verschuldung des Ackerbauers. Die „Napoleonische" Eigenthumsform, die im Anfange des neunzehnten Jahrhunderts die Bedingung für die Befreiung und die Bereicherung des französischen Landvolkes war, hat sich im Laufe dieses Jahrhunderts als das Gesetz ihrer Sklaverei und ihres Pauperismus entwickelt. Und eben dies Gesetz ist die erste der "idées napoléoniennes," die der zweite Bonaparte zu behaupten hat. Wenn er mit den Bauern noch die Illusion theilt, die Ursache ihres Ruins nicht im Parzelleneigenthum selbst, sondern außerhalb im Einflusse sekundärer Umstände zu suchen, so werden seine Experimente wie Seifenblasen an den Produktionsverhältnissen zerschellen, jener Illusion den letzten Schlupfwinkel abschneiden und im besten Falle die Krankheit acuter machen.

Die ökonomische Entwickelung des Parzelleneigenthums hat das Verhältniß der Bauern zu den übrigen Gesellschaftsklassen von Grund aus verkehrt. Unter **Napoleon ergänzte die Parzellirung des Grund und Bodens auf dem Lande die freie Konkurrenz und die beginnende große Industrie in den Städten.** Selbst

8

die Bevorzugung der Bauernklasse lag im Interesse der neuen bürgerlichen Ordnung. Diese neugeschaffene Klasse war die allseitige Verlängerung des bürgerlichen Régimes über die Thore der Städte hinaus, seine Ausführung in nationalem Maßstab. Diese Klasse war der allgegenwärtige Protest gegen die eben erst gestürzte Grundaristokratie. Wurde sie vor allen bevorzugt, so bot sie aber auch vor allen den Angriffspunkt für die Restauration der Feudalen. Die Wurzeln, die das Parzelleneigenthum in dem französischen Grund und Boden schlug, entzogen dem Feudalismus jeden Nahrungsstoff. Seine Grenzpfähle bildeten das natürliche Befestigungswerk der Bourgeoisie gegen jeden Handstreich ihrer alten Oberherrn. Aber im Laufe des neunzehnten Jahrhunderts trat an die Stelle des feudalen der städtische Wucherer, an die Stelle der Feudalpflichtigkeit des Bodens die Hypothek, an die Stelle des aristokratischen Grundeigenthums das bürgerliche Kapital. Die Parzelle des Bauern ist nur noch der Vorwand, der dem Kapitalisten erlaubt, Profit, Zinsen und Rente von dem Acker zu ziehen und den Ackerbauer selbst zusehen zu lassen, wie er seinen Arbeitslohn herausschlägt. Die auf dem französischen Boden lastende Hypothekarschuld legt der französischen Bauernschaft einen Zins auf, so groß wie der Jahreszins der gesammten britannischen Nationalschuld. Das Parzelleneigenthum in dieser Sklaverei vom Kapital, wozu seine Entwickelung unvermeidlich hindrängt, hat die Masse der französischen Nation in eine Nation von Troglodyten verwandelt. Sechszehn Millionen Bauern (Frauen und Kinder eingerechnet) hausen in Höhlen, wovon ein großer Theil nur Eine Oeffnung, der andre nur zwei, und der bevorzugteste nur drei Oeffnungen hat. Die Fenster sind an einem Haus, was die fünf Sinne für den Kopf sind. Die bürgerliche Ordnung, die im Anfange des Jahrhunderts den Staat als Schildwache vor die neu entstandene Parzelle stellte und sie mit Lorbeeren düngte, ist zum Vampyr geworden, der ihr Herzblut und Hirnmark aussaugt und sie in den Alchymistenkessel des Kapitals wirft. Der Code Napoléon ist nur noch der Code der Exekution, der Subhastation und der Zwangsversteigerung. Zu den vier Millionen (Kinder u. s. w. eingerechnet) offizieller Paupers, Vagabunden, Verbrecher und Prostituirten, die Frankreich zählt, kommen fünf Millionen hinzu, die an dem Abgrunde der Existenz schweben und entweder auf dem Lande selbst hausen oder beständig mit ihren Lumpen und ihren Kindern von dem Lande in die Städte und von den Städten auf das Land desertiren. Das Interesse der Bauern befindet sich also nicht mehr, wie unter Napoleon, im Einklange, sondern im tödtlichsten Gegensatze mit den Interessen der Bourgeoisie, mit dem Kapital. Sie finden also ihren natürlichen Verbündeten und Führer in dem **städtischen Proletariat**, dessen Aufgabe der Umsturz der bürgerlichen Ordnung ist. Aber die **starke und unumschränkte Regierung**, — und dies ist die zweite "idée napoléonienne," die der zweite Napoleon auszuführen hat, ist zur gewaltsamen Vertheidigung dieser „materiellen" Ordnung berufen. Auch giebt dieser "ordre matériel" in allen Proklamationen Bonaparte's gegen die aufrührerischen Bauern das Stichwort ab.

Neben der Hypothek, die das Kapital ihr auferlegt, lastet auf der Parzelle die **Steuer**. Die Steuer ist die Lebensquelle der Bureaukratie, der Armee, der Pfaffen und des Hofes, kurz des ganzen Apparats der Exekutivgewalt. Starke Regierung und starke Steuer sind identisch. Das Parzelleneigenthum eignet sich seiner Natur nach, die Grundlage einer allgewaltigen und zahllosen Bureaukratie abzugeben. Es schafft ein gleichmäßiges Niveau der Verhältnisse und der Personen über der ganzen Oberfläche des Landes. Es erlaubt also auch die gleichmäßige Einwirkung nach allen Punkten dieser gleichmäßigen Masse von einem obersten Centrum aus. Es vernichtet die aristokratischen Mittelstufen zwischen der Volksmasse und der Staatsgewalt. Es ruft also von allen Seiten das direkte Eingreifen dieser Staatsgewalt und ihrer Zwischenschieber ihrer unmittelbaren Organe hervor. Es erzeugt endlich eine unbeschäftigte Ueberbevölkerung, die weder auf dem Lande noch in den Städten Platz findet und daher nach den Staatsämtern als einer Art von respektablen Almosen greift und die Schöpfung von Staatsämtern provozirt. Unter Napoleon war dieses zahlreiche Regierungspersonal nicht nur unmittelbar produktiv, indem es unter der Form von Staatsbauten u. s. w. mit den Zwangsmitteln des Staats für die neu entstandene Bauernschaft ausführte, was die Bourgeoisie im Wege der Privatindustrie noch nicht leisten konnte. Die Staatssteuer war ein nothwendiges Zwangsmittel, um den Austausch zwischen Stadt und Land zu erhalten. Der Parzellenbesitzer würde sonst, wie in Norwegen, wie in einem Theile der Schweiz, in bäurischer Selbstgenügsamkeit den Zusammenhang mit den Städten abgebrochen haben. Und Napoleon gab in den neuen Märkten, die er mit dem Bajonette eröffnete, in der Plünderung des Kontinents, die Zwangssteuer mit Zinsen zurück. Sie war ein Stachel für die Industrie des Bauern, während sie jetzt seine Industrie der letzten Hülfsquellen beraubt, seine Widerstandslosigkeit gegen den Pauperismus vollendet. Und eine enorme Bureaukratie, wohlgalonirt und wohlgenährt, ist die "idée napoléonienne," die dem zweiten Bonaparte von allen am meisten zusagt. Wie sollte sie nicht, da er gezwungen ist, neben den wirklichen Klassen der Gesellschaft eine künstliche Kaste zu schaffen, für welche die Erhaltung seines Régimes zur Messer- und Gabelfrage wird. Eine seiner ersten Finanzoperationen war daher auch die Wiedererhöhung der Beamtengehalte auf ihren alten Betrag mit Schöpfung neuer Sinekuren.

Eine andre "idée napoléonienne" ist die Herrschaft der Pfaffen als ein Regierungsmittel. Aber wenn die neu entstandene Parzelle in ihrem Einklang mit der Gesellschaft, in ihrer Abhängigkeit von den Naturgewalten und ihrer Unterwerfung unter die Autorität, die sie von oben beschützte, natürlich religiös war, wird die schuldzerrüttete, mit der Gesellschaft und der Autorität zerfallene, über ihre eigne Beschränktheit hinausgetriebene Parzelle natürlich irreligiös. Der Himmel war eine ganz schöne Zugabe zu dem eben gewonnenen schmalen Erdstrich, zumal da er das Wetter macht; er wird zum Insult, sobald er als Ersatz für die Parzelle aufgedrängt wird. Der Pfaffe erscheint dann nur noch als der gesalbte Spürhund der irdischen Polizei, — eine andre "idée napoléonienne" — die unter dem zweiten Bonaparte nicht wie unter Napoleon den Beruf hat, die Feinde des Bauernrégimes in den Städten, sondern die Feinde Bonaparte's auf dem Lande zu überwachen. Die Expedition gegen Rom wird das nächste Mal in Frankreich selbst stattfinden, aber im umgekehrten Sinne des Herrn v. Montalembert.

Der Kulminirpunkt der "idées napoléoniennes" endlich ist das Uebergewicht der Armee. Die Armee war der point d'honneur der Parzellenbauern, sie selbst in Heroen verwandelt, nach außen hin den neuen Besitz vertheidigend, ihre eben erst errungene Nationalität verherrlichend, die Welt plündernd und revolutionirend. Die glänzende Uniform war ihr eignes Staatskostüm, der Krieg ihre Poesie, die in der Phantasie verlängerte und abgerundete Parzelle das Vaterland und der Patriotismus die ideale Form des Eigenthumssinnes. Aber die Feinde, wogegen der französische Bauer jetzt sein Eigenthum zu vertheidigen hat, es sind nicht die Kosaken, es sind die Huissiers und Steuerexekutoren. Die Parzelle liegt nicht mehr im sogenannten Vaterland, sondern im Hypothekenbuch. Die Armee selbst ist nicht mehr die Blüthe der Bauernjugend, sie ist die Sumpfblume des bäuerlichen Lumpenproletariats. Sie besteht größtentheils aus Remplacants, aus Ersatzmännern, wie der zweite Bonaparte selbst nur Remplacant, der Ersatzmann für Napoleon ist. Ihre Heldenthaten verrichtet sie jetzt in den Gems- und Treibjagden auf die Bauern, ein Gensdarmendienst, und wenn die innern Widersprüche seines Systems den Chef der Gesellschaft des 10. Dezember über die französische Grenze jagen, wird sie nach einigen Banditenstreichen keine Lorbeeren, sondern Prügel ernten.

Man sieht: Alle "idées napoléoniennes" sind Ideen der unentwickelten, jugendfrischen Parzelle, sie sind ein Widersinn für die überlebte Parzelle. Sie sind nur die Hallucinationen ihres Todeskampfes, Worte, die in Phrasen, Geister, die in Gespenster, sinnige Trachten, die in abgeschmackte

Theaterkostüme verwandelt sind. Aber die Parodie des Imperialismus war nothwendig, um die Masse der französischen Nation von der Wucht der Tradition zu befreien und den Gegensatz der Staatsgewalt zur Gesellschaft rein herauszuarbeiten. Die Zertrümmerung der Staatsmaschine wird die Centralisation nicht gefährden. Die Bureaukratie ist nur die niedrige und brutale Form einer Centralisation, die noch mit ihrem Gegensatze, dem Feudalismus behaftet ist. Mit der Verzweiflung der napoleonischen Restauration scheidet der französische Bauer von dem Glauben an seine Parzelle, stürzt das ganze auf dieser Parzelle aufgeführte Staatsgebäude zusammen, und erhält die proletarische Revolution das Chor, ohne das ihr Sologesang in allen Bauernnationen zum Sterbelied wird.

Die französischen Bauernverhältnisse enthüllen uns das Räthsel der allgemeinen Wahlen vom 20. und 21. Dezember, die den zweiten Bonaparte auf den Berg Sinai führten, nicht um Gesetze zu erhalten, sondern um sie zugleich zu geben und auszuführen. Allerdings beging die französische Nation in jenen verhängnißvollen Tagen eine Todsünde gegen die Demokratie, die auf den Knieen liegt und täglich betet: Heiliges allgemeines Wahlrecht, bitt' für uns! Die Gläubigen an das allgemeine Wahlrecht wollen natürlich nicht auf eine Wunderkraft verzichten, die so große Dinge an ihnen selbst vollbracht, die einen Bonaparte II. in einen Napoleon, einen Saulus in einen Paulus und einen Simon in einen Petrus verwandelt hat. Der Volksgeist spricht zu ihnen durch die Wahlurne, wie der Gott des Propheten Ezechiel zu den marklosen Knochen: "Haec dicit dominus deus ossibus sens: Ecce, ego intromittam in vos Spiritum et vivetis." „So sprach der Herr Gott zu seinen Knochen: Siehe, ich werde Euch Geist einblasen und Ihr werdet leben!"

Die Bourgeoisie hatte offenbar keine andere Wahl, als Bonaparte zu wählen. Despotie oder Anarchie. Sie stimmte natürlich für die Despotie. Als die Puritaner auf dem Konzile von Konstanz über das lasterhafte Leben der Päpste klagten und über die Nothwendigkeit der Sittenreform jammerten, donnerte der Kardinal Pierre d'Ailly ihnen zu: „Nur noch der Teufel in eigner Person kann die katholische Kirche retten und Ihr verlangt Engel." So rief die französische Bourgeoisie nach dem coup d'état: Nur noch der Chef der Gesellschaft vom 10. Dezember kann die bürgerliche Gesellschaft retten! Nur noch der Diebstahl das Eigenthum, der Meineid die Religion, das Bastardthum die Familie, die Unordnung die Ordnung!

Bonaparte als die verselbstständigte Macht der Exekutivgewalt fühlt seinen Beruf, die „bürgerliche Ordnung" sicher zu stellen. Aber die Stärke dieser bürgerlichen Ordnung ist die Mittelklasse. Er weiß sich daher als Repräsentant der Mittelklasse und erläßt Dekrete in diesem Sinne. Er ist jedoch nur dadurch etwas, daß er die politische Macht dieser Mittelklasse gebrochen hat und täglich von Neuem bricht. Er weiß sich daher als Gegner der politischen und literarischen Macht der Mittelklasse. Aber indem er ihre materielle Macht beschützt, erzeugt er von Neuem ihre öffentliche, ihre politische Macht. Die Ursache muß daher am Leben erhalten, aber die Wirkung, wo sie sich zeigt, aus der Welt geschafft werden. Aber ohne kleine Verwechselungen von Ursache und Wirkung kann dies nicht abgehen, da beide in der Wechselwirkung ihre Unterscheidungsmerkmale verlieren. Neue Dekrete, die die Grenzlinie verwischen. Bonaparte weiß sich zugleich gegen die Bourgeoisie als Vertreter der Bauern und des Volkes überhaupt, der innerhalb der bürgerlichen Gesellschaft die untern Volksklassen beglücken will. Neue Dekrete, die die „wahren Sozialisten" im voraus um ihre Regierungsweisheit prellen. Aber Bonaparte weiß sich vor Allem als Chef der Gesellschaft vom 10. Dezember, als Repräsentanten des Lumpenproletariats, dem er selbst, seine entourage, seine Regierung und seine Armee angehören, und für das es sich vor Allem darum handelt, sich wohlzuthun und kalifornische Loose aus dem Staatsschatze zu ziehen. Und er bestätigt sich als

Chef der Gesellschaft vom 10. Dezember mit Dekreten, ohne Dekrete und trotz der Dekrete.

Diese widerspruchsvolle Aufgabe des Mannes erklärt die Widersprüche seiner Regierung, das unklare Hin- und Hertappen, das bald diese, bald jene Klasse bald zu gewinnen, bald zu demüthigen sucht und alle gleichmäßig gegen sich aufbringt, dessen praktische Unsicherheit einen hochkomischen Kontrast bildet zu dem gebieterischen, kategorischen Style der Regierungsakte, der dem Onkel folgsam nachkopirt wird. So soll die Hast und das Ueberstürzen dieser Widersprüche die allseitige Thätigkeit und Schlagfertigkeit des Kaisers nachäffen.

Industrie und Handel, also die Geschäfte der Mittelklasse sollen unter der starken Regierung treibhausmäßig aufblühen. Verleihen einer Unzahl von Eisenbahnkonzessionen. Aber das bonapartistische Lumpenproletariat soll sich bereichern. Tripotage mit den Eisenbahnkonzessionen auf der Börse von den vorher Eingeweihten. Aber es zeigt sich kein Kapital für die Eisenbahnen. Verpflichtung der Bank, auf Eisenbahnaktien vorzuschießen. Aber die Bank soll zugleich persönlich exploitirt und daher cajolirt werden. Entbindung der Bank von der Pflicht ihren Bericht wöchentlich zu veröffentlichen. Leoninischer Vertrag der Bank mit der Regierung. Das Volk soll beschäftigt werden. Anordnungen von Staatsbauten. Aber die Staatsbauten erhöhen die Steuerpflichten des Volkes. Also Herabsetzung der Steuern durch Angriff auf die Rentiers durch Konvertirung der fünfprozentigen Renten in 4½prozentige. Aber der Mittelstand muß wieder ein Douceur erhalten. Also Verdoppelung der Weinsteuer für das Volk, das ihn en detail kauft und Herabsetzung um die Hälfte für den Mittelstand, der ihn en gros trinkt. Auflösung der wirklichen Arbeiterassoziationen, aber Verheißung von künftigen Assoziationswundern. Den Bauern soll geholfen werden. Hypothekenbanken, die ihre Verschuldung und die Conzentration des Eigenthums beschleunigen. Aber diese Banken sollen benutzt werden, um persönlich Geld aus den konfiszirten Gütern des Hauses Orléans herauszuschlagen. Kein Kapitalist will sich zu dieser Bedingung verstehen, die nicht in dem Dekrete steht, und die Hypothekenbank bleibt ein bloßes Dekret, u. s. w. u. s. w.

Bonaparte möchte als der patriarchalische Wohlthäter aller Klassen erscheinen. Aber er kann keiner geben, ohne der andern zu nehmen. Wie man zur Zeit der Fronde vom Herzog von Guise sagte, daß er der obligeanteste Mann von Frankreich sei, weil er alle seine Güter in Obligationen seiner Partisanen gegen ihn verwandelt habe, so möchte Bonaparte der obligeanteste Mann von Frankreich sein und alles Eigenthum, alle Arbeit Frankreichs in eine persönliche Obligation gegen sich verwandeln. Er möchte ganz Frankreich stehlen, um es an Frankreich verschenken, oder vielmehr um Frankreich mit französischem Gelde wiederkaufen zu können, denn als Chef der Gesellschaft vom 10. Dezember muß er kaufen, was ihm gehören soll. Und zu dem Institute des Kaufens werden alle Staatsinstitute, der Senat, der Staatsrath, der gesetzgebende Körper, die Ehrenlegion, die Soldatenmedaille, die Waschhäuser, die Staatsbauten, die Eisenbahnen, der état major der Nationalgarde ohne Gemeine, die konfiszirten Güter des Hauses Orléans. Zum Kaufmittel wird jeder Platz in der Armee und der Regierungsmaschine. Das Wichtigste aber bei diesem Prozesse, wo Frankreich genommen wird, um ihm zu geben, sind die Prozente, die während des Umsatzes für das Haupt und die Glieder der Gesellschaft vom 10. Dezember abfallen. Das Witzwort, womit die Gräfin L., die Maitresse des Herrn de Morny, die Konfiskation der orléans'schen Güter charakterisirte: "C'est le premier vol de l'aigle,"* paßt auf jeden Flug dieses Adlers, der mehr Rabe ist. Er selbst und seine Anhänger rufen sich täglich zu, wie jener italienische Karthäuser dem Geizhals, der prunkend die Güter aufzählte, an denen er noch für Jahre zu zehren habe: "In fai conto sopra i beni Bisogna prima far il

* Vol heißt Flug und Diebstahl.

conto sopra gli anni." * Um sich in den Jahren nicht zu verrechnen, zählen sie nach Minuten. An den Hof, in die Ministerien, an die Spitze der Verwaltung und der Armee drängt sich ein Haufe von Kerlen, von deren Bestem zu sagen ist, daß man nicht weiß, von wannen er kommt, eine geräuschvolle, anrüchige, plauderungslustige Bohème, die mit derselben grotesken Würde in gallonirte Röcke kriecht, wie Soulouque's Großwürdenträger. Man kann diese höhere Schicht der Gesellschaft vom 10. Dezember sich anschaulich machen, wenn man erwägt, daß Véron= Crevel† ihr Sittenprediger ist und Granier de Cassaignac ihr Denker. Als Guizot zur Zeit seines Ministeriums diesen Granier in einem Winkelblatte gegen die dynastische Opposition verwandte, pflegte er ihn mit der Wendung zu rühmen: "C'est le roi des drôles," „das ist der Narrenkönig." Man hätte Unrecht, bei dem Hofe und der Sippe Louis Bonaparte's an die Regentschaft oder Ludwig XV. zu erinnern. Denn „oft schon hat Frankreich eine Maitressenregierung erlebt, aber noch nie eine Regierung von hommes entretenus." ‡ Und Cato, der sich den Tod gab, um in den elysischen Gefilden mit Heroen umzugehen! Armer Cato!

Durch die widersprechenden Forderungen seiner Situation gejagt, zugleich wie ein Taschenspieler in der Nothwendigkeit, durch beständige Ueberraschung die Augen des Publikums auf sich als den Ersatzmann Napoleons gerichtet zu halten, also jeden Tag einen Staatsstreich en miniature zu verrichten, bringt Bonaparte die ganze bürgerliche Wirthschaft in Wirrwarr, tastet Alles an, was der Revolution von 1848 unantastbar schien, macht die Einen revolutionsgeduldig, die Andern revolutionslustig und erzeugt die Anarchie selbst im Namen der Ordnung, während er zugleich der ganzen Staatsmaschine den Heiligenschein abstreift, sie profanirt, sie zugleich ekelhaft und lächerlich macht. Den Kultus des heiligen Rocks zu Trier wiederholt er zu Paris im Kultus des napoleonischen Kaisermantels. Aber wenn der Kaisermantel endlich auf die Schultern des Louis Bonaparte fällt, wird das eherne Standbild Napoleons von der Höhe der Vendômesäule herabstürzen.

* Du berechnest deine Güter, du solltest vorher deine Jahre berechnen.
† Balzac in der Cousine Bette stellt in Crevel, den er nach Dr. Véron, den Eigenthümer des Constitutionnel kopirt, den grundliberlichen Pariser Philister dar.
‡ Worte der Frau von Girardin.

Verzeichniß der störendsten Druckfehler.

Seite 2, Zeile 15 von oben lies **Ludwigs** statt „Ludwig."
„ 2, „ 29 „ „ „ **Locke** statt „Loke."
„ 3, „ 23 „ „ „ **zu** statt „in."
„ 3, „ 26 „ „ „ **weil revolutionären** st. „viel revol."
„ 3, „ 34 „ „ „ **rasch** statt „rascher."
„ 3, „ 38 „ „ „ **aneignen** statt „anzueignen."
„ 3, „ 44 „ „ „ **riesenhafter** statt „riesenhaft."
„ 4, „ 7 „ „ „ **Lorbeerkronen.**
„ 4, „ 13 „ „ „ **haben** statt „halten."
„ 4, „ 34 „ „ setz **Punkt** vor „4. Mai."
„ 4, „ 36 „ „ „ **Punkt** vor „29. Mai."
„ 5, „ 11 „ unten lies **geistigen.**
„ 6, „ 3 „ „ „ **der** statt „und", u. l. „Pythiastühle."
„ 10, „ 9 „ oben „ **die** statt „der."
„ 10, „ 13 „ „ „ **Nation** statt „Revolution."
„ 10, „ 26 „ „ „ **Verhängniß** statt „Verhältniß."
„ 13, „ 3 „ „ „ **hatte** statt „hat."
„ 13, „ 9 „ unten „ **1851** statt „1849."
„ 13, „ 2 „ „ „ **ließen** statt „ließ."
„ 14, „ 7 „ „ „ **folgen** statt „zu folgen."
„ 16, „ 4 „ oben „ **hatten.**
„ 16, „ 24 „ „ „ **die gesammte** statt „die eine ıc."
„ 16, „ 34 „ „ „ **hatte** statt „hatten."
„ 16, „ 8 „ unten „ **sich** statt „sie."
„ 17, „ 24 „ „ „ **man im** statt „man in."
„ 17, „ 13 „ „ „ **Koketterie** statt „Kotterie."
„ 17, „ 9 „ „ „ **schwärmen.**
„ 17, „ 7 „ „ setze **Comma** nach **Claremont.**
„ 18, „ 23 „ oben lies **herauskehren.**
„ 18, „ 40 „ „ „ **gefeiert worden.**
„ 21, „ 15 „ „ „ **die** statt „ihre."
„ 21, „ 25 „ „ „ **verrons.**
„ 21, „ 30 „ „ „ **Ferne** statt „Form."
„ 21, „ 36 „ „ „ **des blagueurs.**
„ 22, „ 5 „ „ „ **Juni.**
„ 22, „ 7 „ „ „ **Rotte von Nationalgarden.**
„ 22, „ 23 „ „ „ **Samuel** statt „Salamon."
„ 22, „ 33 „ „ „ **Wahlen** statt Waffen.

Seite 23, Zeile 1 von unten lies **eclipſirt**.
= 24, = 1 = = = **Repreſſion**.
= 26, = 23 = oben = **die ſie gegen** ſtatt „die gegen."
= 26, = 43 = = = **ſtellt**.
= 27, = 11 = = = **können**.
= 28, = 29 = unten = **Volksleidenſchaften** ſtatt „Volks=
  eigenſchaften."
= 28, = 19 = = ſtreiche „dem Miniſter."
= 29, = 18 = = lies **Aechtung** ſtatt „Achtung."
= 30, = 26 = = = **bewillige**.
= 32, = 22 = oben = **kaltes** ſtatt „mit kaltem."
= 32, = 14 = unten = „vivent les saucissons."
= 33, = 6 = = = **ließ** ſtatt „ließen."
= 34, = 15 = = = **Ausſage** ſtatt „Ausſager."
= 35, = 14 = = = **der** ſtatt „zur".
= 36, = 13 = = = **können**.
= 36, = 8 = = = **indem** ſtatt „wenn."
= 39, = 8 = oben und im ganzen Verlauf lies **Kretinis-
  mus** ſtatt „Kretenismus."
= 39, = 14 = = lies **auf** ſtatt „auch."
= 39, = 21 = unten = **Coalition**.
= 40, = 14 = oben = Roubaix und Tourcoing.
= 40, = 17 = = = **den während**.
= 40, = 30 = = = **Lebenswärme**.
= 40, = 31 = = = **war** ſtatt „vor."
= 40, = 38 = = = **tödte** ſtatt „tödtete."
= 40, = 42 = = = **ſcheine Dir** ſtatt „ſcheine die."
= 41, = 3 = = = **bürgerliche**.
= 14, = 14 = = = **ein** ſtatt „drei."
= 41, = 16 = = = **drei Viertel der Stimmen** ſtatt
  „dieſe Stimmenzahl."
= 41, = 17 = = = **waren** ſtatt „war."
= 42, = 24 = unten = **am Werke**.
= 43, = 17 = oben = **Präſidentenſtuhl** ſtatt „Stuhl."
= 43, = 34 = = = **Gegenſätze** ſtatt „Gegenſtände."
= 45, = 28 = unten = **großentheils** ſtatt „größtentheils."
= 45, = 21 = = = **ihrem** ſtatt „ihren."
= 46, = 23 = oben = **den Zerfall** ſtatt „der Zerfall."
= 47, = 12 = unten = **Ueberproduktion** ſtatt „Uebergangs=
  produktion."
= 48, = 15 = = = **Coalition** ſtatt „Realition."
= 49, = 6 = oben = **Libationen** ſtatt „Libationen."
= 49, = 11 = = = **verſchloſſenen** ſtatt „verfloſſenen."
= 49, = 15 = unten = **wurde** ſtatt „würde."
= 49, = 13 = = = **feierlich** ſtatt „freilich."
= 50, = 10 = oben = **ernannte** ſtatt „nannte."
= 50, = 22 = = = **zu dem** ſtatt „von dem."
= 51, = 8 = = = **Sallandrouze**.
= 51, = 19 = = = **kauft** ſtatt „käuft."
= 52, = 13 = unten = **vor den** ſtatt „vor dem."
= 52, = 8 = = = **Volksverſammlungen**.
= 52, = 2 = = = **unterwarfen ſich ihrem eigenen** 2c.
= 53, = 10 = = = **Circe** ſtatt „Lirce."
= 53, = 13 = = = **Armeegehalte** ſt. „Armengehalt."

Seite 54, Zeile 7 von oben lies **Epicier** statt „Epiciers."
= 54, = 12 = = = **ihre** statt „ihren."
= 54, = 28 = = = **ihre Waffen** statt „seine Waffen."
= 54, = 5 = unten = **sich gegenüber** statt „gegenüber."
= 55, = 13 = = = **mit der Wurst** statt „mit Wurst."
= 55, = 10 = = = **noch** statt „mehr."
= 56, = 18 = = = Toute statt „Moute."
= 56, = 17 = = = **einer Reihe** statt „eine Reise."
= 56, = 3 = = = **seiner Parzelle** st. „seinen Parzellen."
= 57, = 17 = oben setze Comma nach „Massen."
= 57, = 17 = unten lies **Bauer** statt „Bauern."
= 58, = 10 u. 11 v. oben lies **des Feudalen** st. „des feudalen."
= 59, = 19 von oben = **und** statt „mit."
= 59, = 8 = unten = **im** statt „ein."
= 60, = 7 = oben = **Verzweiflung an der** st. „Verzweifl."
= 60, = 8 = = = **diese** statt „dieser."
= 60, = 23 = = = suis statt „sens."
= 60, = 24 = = = vivetis statt „viretis."
= 61, = 22 = = = **kauft** statt „käuft."
= 61, = 34 = = = **gegen sich** statt „gegen ihn."
= 61, = 1 = unten = Tu fai statt „In fai."
= 62, = 4 = oben = **plünderungs** statt „plauderungs."
= 62, = 14 = = = entretenus statt „entreténus."
= 62, = 3 = unten = Veron, dem.
= 62, = 2 = = = **liederlichen** statt „liderlichen."